现代高校体育教学工作及其综合协同新思路

胡 江 著

中国原子能出版社

图书在版编目（CIP）数据

现代高校体育教学工作及其综合协同新思路 / 胡江著 .
-- 北京：中国原子能出版社，2022.12（2025.3重印）
ISBN 978-7-5221-2393-6

Ⅰ．①现… Ⅱ．①胡… Ⅲ．①体育教学－教学研究－
高等学校 Ⅳ．① G807.4

中国版本图书馆 CIP 数据核字（2022）第 231948 号

现代高校体育教学工作及其综合协同新思路

出版发行	中国原子能出版社（北京市海淀区阜成路 43 号　100048）
责任编辑	王　蕾
责任印制	赵　明
印　　刷	北京天恒嘉业印刷有限公司
经　　销	全国新华书店
开　　本	787 mm×1090 mm　1/16
印　　张	12.75
字　　数	229 千字
版　　次	2022 年 12 月第 1 版　　2025 年 3 月第 2 次印刷
书　　号	ISBN 978-7-5221-2393-6　　**定　价**：78.00 元

前　言

随着人类社会的发展，现代体育教学逐渐发展成科学的教学、全面的教学，培养德、智、体、美、劳全面发展人才的教学。随着体育教学改革的不断深入，体育教学理论的研究和探索日益活跃。

基于此，本书围绕现代高校体育教学工作及其综合协同新思路展开论述，在内容编排上共设置七章，第一章为现代高校体育教学导论，主要阐释高校体育教学目标与原则、高校体育教学内容及发展、高校体育教学的基本功能、高校体育教学的环境优化；第二章探讨现代高校体育教学工作组织与管理，内容包括高校体育教学组织与管理的概述、方法、决策计划与评价、结构优化设计；第三章从三个方面——高校体育教学方法及其重要性、高校体育教学方法的主要类型、高校体育教学方法体系与选择，探讨现代高校体育教学方法及选择；第四章是现代高校体育教学设计及课堂评价，内容囊括高校体育教学设计的程序与要求、高校体育教学设计的背景分析、高校体育教学系统要素的设计、高校体育教学课堂评价的设计；第五章探讨现代高校体育教学实践的组织与开展，主要分析高校体育教学的课堂准备、高校体育教学的课堂组织与管理、高校体育课堂教学的风格与节奏、高校体育课堂教学的说课与模拟上课；第六章研究现代高校体育课程教学资源的协同创新发展，包括高校体育课程教学资源与协同创新的概述、实施及路径；第七章从高校体育工作协同管理机制研究、高校体育产业协同发展的实施路径、高校体育课堂双师协同教学的发展策略、高校体育与社区体育协同发展机制探析，分析现代高校体育教学工作协同发展新思路。

本书体现出科学性与实用性的结合、选择性与时效性的结合、理论性与实践性的结合，而且更注重体育教学工作相关技术与技能的培养，为读者提供操作性较强的体育课堂教学实践思路与方法。

笔者在撰写本书的过程中，得到了许多专家学者的帮助和指导，在此表示诚挚的谢意。由于笔者水平有限，加之时间仓促，书中所涉及的内容难免有疏漏之处，希望各位读者多提宝贵意见，以便笔者进一步修改完善。

目　录

第一章　现代高校体育教学导论

第一节　高校体育教学目标与原则

一、高校体育教学的目标

（一）体育教学目标的特征

体育教学目标，是指在一定时间和范围内，师生经过共同努力后预期所要达到教学结果的标准、规格或状态。它是体育教学的出发点和归宿，并决定着体育教学的方向。这是教师的教和学生的学共同努力的目标，即对教师来说是教授的目标，对学生来讲是学习的目标。体育教学目标更多地体现于体育教学活动主题的要求，具有一定的客观性和自主性，在实际体育教学活动中可以根据实际需要进行适当的调整和变动。

体育教学目标具有两个主要特征：① 能详细说明目标的内容，即说明做什么和如何做（知识、方法等）；② 须用特定的术语描述教学后学生应能做以前不能做的事情，即教学后所要达到的结果的详细规格。

一般而言，体育教学目的是体育教学领域里为实现教育目的而提出的概括性的、总体的要求，对整个体育教学活动的要素（包括体育教学目标）起着宏观把握、统贯全局的作用，具有终极性意义，与体育的课程目标有着内在的一致性。体育教学任务，是指教学过程中以教师为主体应该做且必须做的实际工作，是比较笼统的，缺乏质的描述和量的规定；而体育教学目标的阶段性、深度和层次有明显的限定，是将体育教学任务具体化和量化。两者从范畴上来讲，师生共同努力的体育教学目标应包含于教师为主体的体育教学任务中。

（二）体育教学目标的意义

"高校是为国家建设培养高素质人才的重要基地，健康的体魄是人才发挥作用的重要基础。因此，高校体育教学是发展我国体育事业的关键。[①]"体育教学目标不仅是体育教学活动的预期结果，而且是体育教学活动的调节者。体育教学目标一经确立，就会对体育教学活动产生积极的影响。合理制定体育教学目标对于实现体育课程的本质功能，完成人们对体育教育的价值期待是非常重要的。合理地制定体育教学目标的意义，主要表现在以下五个方面。

1. 彰显体育课程的本质属性

体育是作为人的自然属性与社会属性的身心教育，体育课程的本质属性反映了国家对人才体质健康的整体要求。体育课程的本质属性在于"身心兼修，魂魄并铸"的人的社会属性的培养。体育课程关于身体的问题不是简单的生物性问题，而是身体的社会性问题。体育课程不仅仅要强化身体、赋予身体能量，更要关注身体的社会情感、行为规范和伦理道德；体育课程研究要立足国情，立足民族发展需要，遵循特定的国家意志，担负起身体教育责任和使命。故体育课程目标的确定、课程内容的选择与组织等标准问题，绝不是一个技术问题，而要根据国家需要来规定所教的内容，通过课程实施来实现下一代的培养和教育。因此，合理制定体育教学目标，是能否彰显体育课程的本质属性和关键所在。

2. 实现体育教学目的的保障

唯有合理制定体育教学目标，才能稳妥地实现体育教学目的。例如使学生在每节体育课中都能情绪高涨地学习体育知识、技能和方法，积极活泼地参加练习与比赛则是"运动参与目标"的达成标志；使学生在某个单元内掌握"篮球行进间单手肩上投篮"的运动技能和方法，并增强该项运动技术的安全意识和防范能力，则是"运动技能目标"的达成标志；使学生在某个学年掌握了 1～2 项运动技能及有关的体育保健知识，自觉锻炼身体，全面发展体能与健身能力，则是"身体健康目标"的达成等。如果所有的体育教学目标之和仍没有完成体育教学目的，那么意味着体育教学

---

① 郭家骏，于欣慈. 高校体育教学管理创新与发展思考［J］. 长春师范大学学报，2022，41（5）：189.

目的没有得到实现。由此可见，因地制宜，切合实际地制定合理的体育教学目标是实现体育教学目的的保障。

3. 定位和指导体育教学任务

"目标"这一预期的结果通常是策略性的，并具有灵活性，可以观察、可明确地解释、可测量、可评价的。体育教学目标决定于具体的体育教学任务，而具体的体育教学任务可以支撑体育教学目标的实现。体育教学任务要以体育教学为依据，合理的体育教学目标有助于明确教学任务。因此，体育教学目标对体育教学任务，既具有定位功能又有指导作用。

4. 指引教师，激励学生

体育教学目标的完成需要教师的教和学生的学两方面共同努力，反映了师生在体育教学中的努力方向和愿望。体育教学目标为教师的体育教学工作明确了预期成果，使他们清楚体育教学工作的努力方向。在体育教学过程中，体育教学目标的实现遇到阻力障碍，教师应及时地发现问题，修正体育教学的教法甚至教学内容；同时作为体育学习者，学生应在教师指导下，改进体育学习的学法。

5. 评估体育教学的质量

评估体育教学质量，纠正体育教学偏差。体育教学质量评估的主要依据是体育教学目标，评估的形式主要是体育教学评价。教学评价是体育教学的重要环节，体育教学工作状态的优劣，必须通过适时的教学评价才能获得相应的信息，才能了解体育教学目标的实现程度，才能使体育教学过程最优化。从设定的教学目标出发，去检查体育教学工作实现目标的确切程度。通过不断的信息反馈，及时纠正体育教学活动的偏差，使一切教与学的活动都紧紧围绕体育教学目标的实现来进行，以提高教学效能。因此，合理地制定体育教学目标能够有效地评估体育教学质量，并通过体育教学系统的信息反馈，及时纠正体育教学工作的偏差。

（三）体育教学目标的内容

依据学校体育的总目标，可将体育教学目标的内容划分为三个方面：① 掌握体育卫生保健知识和体育技术、技能方面的目标；② 懂得锻炼身体，增强体质，促进健康方面的目标；③ 培养良好思想品德教育方面的目标。

在体育教学实践中。处于不同阶段、不同时期、不同教学内容的教学时，教学目标可有所侧重。

二、高校体育教学的原则

在教学原理中，通常把教学原则定义为对教学的基本要求和指导原理。教学原则对整个教学过程都起着指导作用。教学原则是指导教学活动的出发点，教师要根据教学原则来设计整个教学过程。教学原则是实施教学的总调节器，在整个教学进程中，教师要以教学原则来调节、控制教学活动。教学原则是衡量教学质量的准则，教学质量的高低，从根本上来说就是看教学原则贯彻得如何。因此，每个教师和教学管理者都必须掌握体育教学原则。

教学原则是规范性的，是属于主观性教学要素范畴的。教学原则是在总结教学实践经验、认识教学规律的基础上制订出来的。教学原则本身依据对教学规律的正确理解来制定。因此，教学原则被界定为：依据一定的教学目的，以教学规律的认识为基础，并用以指导实际教学工作的基本条文。由此可见教学原则具有规范性、时代性、理论性和多样性等性质和特点。

体育教学原则，是对体育教学实践经验及规律的概括和总结，是实施体育教学最基本的要求，是保持体育教学最基本的因素，是判断体育教学质量的基本标准。

（一）因材施教原则

因材施教原则，是指在体育教学中要贯彻"面向全体学生"的精神，根据每一个学生的具体情况，实施各不相同的、有针对性的教育，使每一个学生的运动技能和身心健康都能在各自的基础上得到充分的发展。

因材施教原则，是依据体育教学受制约于学生身心发展的特点规律提出的。学生身心发展在一定年龄阶段上虽然具有一定的稳定性和普遍性，但是由于每个学生的发展受遗传、生长环境等变因的影响，同一年龄段的学生的身心发展又表现出很大的差异性，而运动方面的差异性就更为明显。因此，体育教学必须充分考虑这些个体的差异，坚持因材施教的原则，争取使每个学生都得到平等的教育和充分的发展。

第一，深入细致地研究和了解学生。在体育教学中要贯彻因材施教的原则，第一件事就是了解学生的个体差异的情况，为进行因材施教的教学做好准备。充分地了解和研究学生是良好教学的基础和出发点，教师可通过问卷调查、查阅资料和询问班主任等方法对学生进行细致的了解，弄清学生在身体条件、兴趣爱好和运动技能等方面存在的个体差异，并对这些个体差异进行全面的分析，在此基础上考虑区别对待的对策。对学生的个体差异，还要用发展的观点来对待，不能用静止的眼光看待学生。

第二，正确看待和引导学生正确对待个体上的差异。在体育教学中要贯彻因材施教的原则，还必须正确看待和引导学生正确对待个体上的差异。教师要指导学生用发展的观点来看待个体间的差异，引导学生要互相帮助、互相学习、互相评价等。通过这样的活动和教育使师生在思想上共同具有正确对待个体差异的认识和行为。

第三，通过各种体育教学组织形式创造因材施教的条件。在体育教学中，教师要采用多种教学的组织形式来因材施教，如采用各种类型的"等质分组"（按体能分组、按身高分组、按体重分组、按技能水平分组等）的形式来进行区别对待的教学。对身体条件和运动技能有缺陷的同学要开"小灶"，给予热情关怀和照顾；对身体条件和运动技能都好的学生，也要为他们的进一步发展创造条件，提出更高的要求，从而保证全体学生都能有进步，使每个学生都能体验到学习和成功的乐趣。

第四，采用各种体育教学方法进行因材施教。因为有些体育教学的场合是不能进行"等质分组"来解决区别对待的问题的，因此还要运用各种区别对待的教学方法来因材施教，如"五分手篮球""目标跳远"等教学方法，这些方法既能让每个学生拥有自己的挑战目标，去实现自己的突破，又能与强手一起同场竞技。

第五，把因材施教与统一要求结合起来。统一要求是面向多数学生，而因材施教是面向全体学生；统一要求是客观标准，而因材施教是主观评价标准；统一要求与学籍管理有关，而因材施教与学习自觉性有关，但是无论怎样讲，统一要求和因材施教都是体育教育的目标和手段，两者不可偏废。

（二）合理安排身体活动量原则

体育教学的特点是身体活动或称为身体运动，因此，在体育教学中要使学生身体所承受的运动负荷有效、合理，以达到锻炼身体、掌握体育技能的需求，这就是体育教学中合理安排身体活动量的原则。

合理安排身体活动量原则，是依据体育教学的本质特点和体育教学的运动负荷规律提出来的。一般来讲，运动负荷就是学生做练习时身体所承受的生理负荷量，它由运动强度和运动量构成。运动强度就是单位时间内身体所承受的量的大小，运动量就是运动的内容、数量、时间等。在体育教学中，合理地安排身体活动量，使学生都能达到适宜的生理负荷量，才能在锻炼中收到锻炼效果。

体育课的合理身体活动量的安排，是为实现课程教学目标而确定的，简单讲要根据课程目标、课程类型来安排不同的运动负荷。体育教学过程中，参与学习锻炼的学生存在个体差异，学生的体质不同、性别不同，具体到身体形态、身体机能、身体素质不同。因此，一定要根据不同学生的特点安排运动负荷。

运动负荷由运动强度和运动量构成，要使体育教学过程中学生的身体活动量适宜，就必须根据课程目标、教学内容、教学进度、教学设计等来调整运动负荷。调整方法无外乎调整运动强度或调整运动量两个方面。一般而言，强度大量就小，反之强度小量就大，这是一般的体育教学运动负荷调整原则。在体育教学中一般对运动量进行调整，即调整练习的内容、练习的时间或练习的数量即可达到适宜要求。

（三）注重体验运动乐趣原则

注重体验运动乐趣，就是在体育教学中让学生在掌握运动技能和锻炼身体的同时，体验运动带来的乐趣，使学生喜爱运动并养成运动的习惯。注重体验运动乐趣原则是依据运动中的游戏特性和体育教学中运动情感变化规律提出的。让学生通过体育教学和运动体验到乐趣，并对此产生兴趣，是提高体育教学质量的必然。让学生在体育教学和运动中体验乐趣，是终身体育的要求，也是体育教学的目的。

第一，正确处理和对待运动中的乐趣。每个体育运动项目都有其特殊的固有乐趣，这些乐趣来自项目的运动特点和比赛特征，在教学过程中我们要正确处理和对待。对这些乐趣不能盲目地追求，而应该从教学目标和教学手段两个层面去汲取对教学过程有用的、有积极意义和价值的乐趣。

第二，乐趣的基础是获得成功的体验。在体育教学过程中，要使学生体验成功的乐趣，就要注意在教学方法和教学内容的选择上加以思谋，使大多数学生都有机会体验成功，而不是体验挫折。

第三，处理好体验乐趣与掌握运动技能的关系。掌握运动技能、提高身体素质是体育教学的首要目标，在体育教学中不能一味追求趣味化而放松了运动技能的教学，影响教学质量。在体育教学中既要掌握运动技能，又要体验运动乐趣，使学生在体育教学中享受到体育锻炼和体育学习带来的乐趣，二者要有机地统一起来。因此，在体育教学中，应把趣味性强和教学意义强的内容作为重点；把教学意义强但趣味性差的内容，通过教师的努力，赋予其有乐趣的因子，使教学饶有兴趣。

第四，要开发多种易于学生体验乐趣的教学资源。教学资源的开发与利用对学生体验运动乐趣非常重要。教学内容的调整、练习条件的变化、场地器材的改变等都能给学生带来运动乐趣的体验，这需要教师认真地根据学校现有的各种条件进行挖掘与整合。

第五，体验成功不忘挫折、体验乐趣不忘磨炼。磨炼与挫折往往伴随着成功，所有的成功必须经过磨炼与挫折、失败才能得到，这是一条普遍的规律。在体育教学中我们要让学生经历这些磨炼与挫折，但要把握好一定的度，以不挫伤学生学习的积极性为限。

（四）促进运动技能不断提高原则

促进运动技能不断提高原则，是指在体育教学中要不断提高学生的运动技能，提高学生的运动成绩，实现有效的体育教学。促进运动技能不断提高原则是依据较好地掌握运动技能，有利于参与终身体育的规律和体育教学条件下运动技能形成规律提出的。不断提高学生的运动技能是体育教学最基本的要求，是判别体育教学是否有效和高质量的标准，也是判别体育教师教学能力的标准。

第一，正确认识运动技能的提高在体育学习中的重要意义。掌握运动技能既是体育学科"授业"之本职，也是体育学科"解惑"的重要基础，掌握运动技能是锻炼学生身体、发展学生运动素质以及体验运动乐趣和掌握体育锻炼方法的前提。体育教师要充分认识运动技能的提高在体育学习中的重要意义，认真搞好运动技能教学。

第二，明确运动技能学习的目的，有层次地掌握运动技能。学生掌握运动技能和提高技能水平与运动员不同，主要是为了娱乐和健身。因此，体育教学中的运动技能传授要树立"健康第一"和为学生终身体育服务的思想，要围绕"较好地掌握1～2项常用的运动技能""初步掌握多项可能参与的运动技能""掌握基本作为锻炼身体方法的运动""体验一些运动项目"等不同运动技能提高的目标，有层次和分门别类地让学生掌握他们终身体育所需要的运动技能。

第三，钻研"学理"和"教法"，提高教学质量。让学生很好地掌握运动技能，就必须摸清运动技能掌握的规律，特别是在体育教学条件下的运动技能掌握规律。体育教师必须研究体育教学中，技能提高的途径与规律，这就是"学理"研究和根据"学理规律"的教法研究，这类研究的积淀是制定科学的体育课程以及提高体育教学质量的前提和保证。

第四，创造提高运动技能的环境和条件。要让学生很好地掌握运动技能，还必须创造良好的技能学习条件。其中包括教师自身的运动技能水平和教学技能，也包括对场地器材的设置和教学环境的优化，还包括对学生集体的组织和开展学生的相互交流、相互评价等。

（五）提高运动认知和传承运动文化原则

提高运动认知和传承运动文化原则，是指在体育教学中通过运动知识和运动技术的学习，培养学生的运动认知能力，提高学生对运动文化的理解，传承运动文化。提高运动认知和传承运动文化原则，是依据运动实践与运动认知相互促进的规律提出的。

运动认知是通过各种运动体验形成的一种特殊的认知方式，擅长运动的人在身体反应、神经传递方面等有突出的能力，反应快速、动作敏捷，这就是运动认知水平高的表现。运动认知的获得与提高不仅与人的学习、工作、生活密切相关，而且也与人的健康和幸福有密切关系。在学校教育中，不同的学科担负着不同认知能力的培养任务，体育教学是学生获得运动认知的最重要的场所。体育学科的价值就是培养和提高学生的运动认知能力，促进学生认知能力的全面发展。运动文化是人类灿烂文化的重要组成部分。对于这一前人创造的优秀文化，后人必须将其世代相传下去。因此，传承运动文化是体育学科的重要任务之一。

第一，重视体育学习中的"认知"因素，要完成"学懂"的目标。要通过体育教学，实现学生的既"会"又"懂"，"会"指的是对运动技能的掌握，"懂"指的是对运动技能原理掌握的和运动文化特征的理解。学生对运动技能掌握的原理的理解有利于他们在未来的体育锻炼实践中可以"举一反三"；而学生对运动文化特征的理解则有利于他们区别运动文化与其他文化的本质与形式，以便于更好地融入体育实践，二者都与学生的终身体育有着密切的关系。

第二，重视培养运动表象和再造想象。运动表象和再造想象是学生形成动作、掌握运动技能的基础。学生头脑中运动表象的储备越丰富，再造想象力越强，运动动作掌握得也就越迅速、越准确。由于学生对某一动作的认识在很大程度上依赖于他对那个动作所形成的表象。因此，教师在体育教学中要经常注意学生是否形成适当的运动表象，以帮助学生获得正确的认识和知识。使学生通过教师的示范、讲解或观看录像等，经过自己的模仿练习，形成正确而清晰的运动表象的同时，通过再造想象过程，使动作得以巩固、熟练从而达到自动化。

第三，重视"发现式学习"和"问题解决式教学法"。在体育教学中要重视"发现式学习"和"问题解决式教学法"等学习方法，以提高学生发现问题和解决问题的能力，并不断提高学生对运动原理、运动学习方法的理解，提高体育教学的"智育"质量，并使这种理性的认识成为学生终身体育实践能力的一部分。虽然体育教学与其他认知类学科在教学过程上有很大的不同，但体育教师仍然要注意遵循学生的认知规律来考虑体育教学过程，教师要事先将运动教材中的有关原理和知识进行归纳和整理，组成"课题串"和"问题串"来构建认知性的教学。

第三，开发有利于学生认知的教学方法与手段。要提高体育教学中开发认知的任务，就必须大力开发有利于学生认知的教学方法与手段。在教学方法层面，要重视对设疑提问、问题验证、学习讨论、集体思考和集体归纳等教学方法的开发。在教学手段层面，要重视对黑板、模型、计算机课件、学习卡片等提高学生认知的教学手段的开发，从而把运动技能学习和运动认知的提高紧密地结合起来。

（六）在集体活动中进行集体教育原则

在集体活动中进行集体教育原则，是指在体育教学中要发挥运动集体的作用，在集体中，特别是在小群体的自主性活动中对学生进行集体教育，培养学生正确的集体意识和良好的集体行为。在集体活动中进行集体教育原则是依据体育运动以集体活动形式为主，体育学习依赖体育学习集体形成的特点以及体育学习集体组成、发展和分化的规律提出的。

体育活动以竞争、协同、表现为主要特点，这些特点又都与集体活动密切相连，且许多项目与集体作用很强的小群体联系密切，有些运动的比赛就是以 5～6 人的小群体的形式出现的，如篮球为 5 人、排球为 6 人、小足球为 5 人、健美操和艺术体操为 6 人组合等。因此，体育运动与集体形成有着天然的联系。此外，体育的教学不同于教室中的教学，受场地、器材和活动范围的影响，体育的学习形式也是经常以小组的形式来进行的，这使得体育学习方式也与集体形成有着内在的关联。从体育教学目标来讲，对学生进行集体的教育既是学生社会化的要求，也是学生形成良好的集体行为参加终身体育锻炼的需要。因此，体育教学要充分发挥体育的集体教育因素，为学生未来参与社会体育打下基础。

第一，分析、研究、挖掘体育活动和体育学习中的集体要素。体育活动和体育学习中的集体要素很丰富，集体要素中的"共同的目标""团队的意识""领导核心""职责的分担""规则的建立""共同的活动"以及"共同的活动场所"都存在，而且都有充分的体现。体育教师应该加强对这些因素的关注和研究，把这些因素有目的、有意识地组织到学生的集体活动和体育学习中，这就为学生的集体意识和集体行为的培养打下了基础。

第二，善于设立"集体学习"的场景。集体教育主要依据两个前提条件，一个是"共同学习的课题"，一个是"共同学习的平台"。"共同学习的课题"就是每个学生都关心、都具有学习欲望的学习任务，它可能是一个要解答的难题，也可能是一个关键的技术和战术学习，也可能是需要毅力或智力的练习课题，也可能是一个关系到小群体荣誉的比赛等。这样的课题的提出是凝聚学生集体意识和产生集体行为的关键因素。"共同学习的平台"就是小群体的组织构成和组织形式，但它不单是一个简单的分组，也不是几个人凑在一起的简单行为，它是建立在"共同的目标""团队的意识""领导核心""职责的分担""规则的建立""共同的活动"以及"共同的活动场所"等集体因素上的集体的实在体。"共同学习的平台"是学生集体意识和集体行为培养的载体和依托。

体育教学要贯彻在集体活动中进行集体教育原则，就必须通过教材研究挖掘那些有意义的、与运动技能教学联系紧密的"集体共同学习的课题"，还要通过教学组织方法的改进去有意识地形成各种有效的"集体共同学习的平台"，这样集体教育才可能落到实处。

第三，开发有助于集体学习的教学技术和手段。体育教学要贯彻在集体活动中进行集体教育原则，还必须有集体教育的技术和手段的支撑。现在国内外的体育教学中已经开发出有利于学生集体内、集体间交流的许多教学技术和手段，教学技术有：形成团队凝聚力的方法、集体讨论的形式、在全班面前的小组报告、小组内同学之间的相互评价等；而教学手段则主要体现在组内互动的媒介——"学习卡片"的开发和运用上。这些特殊的教学技术和手段为在体育教学中贯彻在集体活动中进行集体教育原则提供了技术上的保证。

第四，处理好集体学习和个性发展之间的关系。体育教学既要贯彻在集体活动中进行集体教育原则，还要注意发挥学生的个性，学生的个性发展和集体教育是相辅相成的。良好个性体现应是在集体的道德共识和集体的行为规范范畴内的个体创新，而集体也应是包容了各种被允许的个人思想和行动自由的群体集合。

（七）安全运动和安全教育原则

安全运动与安全教育原则，是指在体育教学中要使学生安全地从事运动的同时，对学生进行如何安全运动的教育。安全运动与安全教育原则是依据以剧烈身体活动和器械上身体活动为主要内容的体育教学既是安全的难点，又是安全教育重点提出的。

体育是以角力活动、非正常体位活动、剧烈身体活动、器械上身体活动、持器械身体活动、野外活动、极限探险运动等活动构成的。因此，体育是一项与危险同在的文化活动，初学者在学习这些运动时危险的因素就更多一层。为此，体育教学既有确保安全的难点，又有进行安全教育的重点。体育教学的"安全运动和安全教育原则"可以说是一个一票否决性的要求，如果一堂体育课在安全活动上具有重大隐患，那么其他方面设计得再周到也是失败的。

第一，时刻对学生进行安全运动的教育。要在体育教学中贯彻安全运动与安全教育原则，必须有广大同学密切配合。因此，体育教师要时时刻刻地对学生进行安全运动的教育，要让每个同学都绷紧安全的这根弦，组织专门时间讲解保证安全的知识和要领，教会同学们互相帮助的技能。

第二，建立与运动安全有关的安全制度和安全设备。对于一些比较危险的教学内容要制订严格的安全制度，限制那些危险部分的教学内容和教学手段；对于一些比较容易发生危险的体育设施要安装必要的保护装置和必要的警示标志，警示学生在自主性学习时要注意防范危险。

第三，在体育教学中要安排负责安全的学生干部。教师还要充分利用体育委员和其他学生干部共同防范危险，确保全班同学的运动安全。

第二节　高校体育教学内容及发展

高校体育教学内容，承载着实现体育教学目标的重要使命，其主要是通过对体育知识和技能体系的选择和运用来完成体育教学的实施。

一、高校体育教学内容及其类型

教学内容同时也是将书面的知识转变为学生的知识储备和运动能力的一个中间媒介，它需要在一定的教学环境中，通过科学的教学方法和手段才能够得以实现。

体育教学的内容是处于不断的变化发展当中的，其取材于人类发展的不同的时期，其共同的特点是对现代文明的发展具有积极的促进作用，适合于现代人才培养的需求。对于体育教学内容的选择，不同地域的群体之间存在较大的差异性，这主要是由于地理环境、气候条件、民众的意识形态以及政治经济发展水平都有一定的差异性。

（一）传统体育教学内容

传统体育教学，是指用传统的教育方法对学生展开体育运动技能的训练，现代体育教学内容虽然由于时代的发展在不断地更新迭代，但是传统的体育教学内容在整个体育教学体系中仍然占据着不可替代的重要地位。

1. 体育保健教学内容

（1）体育保健教学内容的目标：教授学生以卫生保健知识和原理，让学生通过这些体育知识，对体育教学有一个初步的认识，如体育对于人的成长的主要作用，体育学习对于个人、社会和国家所具有的重要意义，从而促使学生自主自觉地加入体育锻炼的队伍中来。

（2）体育保健教学内容的要求：体育保健教学内容的设定要与社会发展状况以及学生的实际需求为依据，并且要与后续的体育运动的教学实践相呼应。

2. 田径运动教学内容

（1）田径运动教学内容的目标：通过田径运动的教学，让学生了解田径运动的基础理论和一般规律，掌握各项运动的基本原理和方法，这对于田径运动技能的掌握，以及促进学生认识到田径运动对于他们的身体素质的提升的积极作用都具有重要的意义。

（2）田径运动教学内容的要求：在过去的体育教学中，常常从竞技类运动的角度来分析和理解和分析田径教学内容的作用，在新时代背景下，要求田径教学的内容设计和组织都应当从运动项目的特点、学生的适应度、文化背景、技能的运用范围等角度来综合考虑，而不是一味只追求运动项目的竞技水平。同时田径运动的运动负荷一般都比较大，如果超出学生的负荷量则可能对其身体带来危害，因此为了保证教学和训练的效果应当依据学生的体质和年龄特征对教学内容进行灵活调整。

3. 体操运动教学内容

作为一种重要的体育运动项目，体操运动在青少年群体当中具有极高的热度，其主要原因是操作简便，并且在维持人体各方面的平衡和健美的体型等方面具有非常好的效果。

（1）体操运动教学内容的目标：① 让学生充分地了解体操运动文化，充分理解体操运动对健康的促进作用；② 让学生掌握体操运动的基本原理和方法，帮助学生可以在日常生活的场景中通过体操运动来达到健身效果；③ 引导学生在体操运动中的安全意识，尽量避免在锻炼过程中发生意外伤害。

（2）体操运动教学内容的要求：体操对于提高身体的灵活性和协调性有着显著的作用，而且还能给学生带来较为理想的情感体验。这对于体操运动教学提出了一定的要求：① 从身体体质健康、心理健康和竞技要求等方面来设定体操运动的教学内容；② 注意教学内容的编制要具有一定的层次性，保障学生的运动能力和水平处于稳步上升的状态；③ 注意因材施教，根据学生不同的身体条件开展区别化的专项训练，保证从整体上提高体育教学的质量。

4. 球类运动教学内容

球类运动品种较多，主要包括篮球、足球、排球、乒乓球、网球等。球类运动的总体的特点是充满了激情与动感活力，而且也具有较高的竞技性和趣味性，所以在青少年群体中很受欢迎。

（1）球类运动教学内容的目标：① 让学生了解球类运动的基础知识和比赛规则；② 让学生掌握球类运动的一些基本比赛技能技巧。

（2）球类运动教学内容的要求：① 球类运动一般都是群体性运动，因为参与人数较多，赛场上形势瞬息万变，应对的技巧也比较复杂，所以在安排球类教学的时候就不能总是只针对某一项技能进行教学而忽视了技能在具体竞赛情境中的应用，只有如此才能更好地掌握球类运动的基本特征和核心要点；② 注意教学内容的安排顺序要注意比赛实践的需求，在注重技能训练的同时要着重培养学生的团队协作精神。

5. 韵律运动教学内容

韵律运动是现代女性特别喜爱的一种运动形式。它与其他形式的运动最大的差别就在于将舞蹈、音乐和运动完美地结合在一起，同时也糅合了舞蹈、健美操和健身体操的元素特征。

（1）韵律运动教学内容的目标：使学生了解韵律运动的基本特征，培养学生的节奏感和审美情趣，了解韵律运动的基本原则并掌握相关的技巧和套路；通过韵律运动的学习，帮助学生形成健康的心理状态、塑造优美的身体姿态。

（2）韵律运动教学内容的要求：① 由于韵律运动是一项具有较强的表现性，同时还可以塑造形体，对于服装、音乐的选择都有较高的要求，所以韵律运动的教学也要着重培养学生的艺术素养和审美意识；② 通过韵律运动的学习要学会试着自己创编新的运动内容，因此要求学生要善于观察勤于思考，注意自身创新能力的培养。

（二）新兴体育教学内容

当今社会科技高速发展，人们生活水平大幅度提升，相应的，各国政治、经济、文化等方面也获得了许多新的发展，由此许多新型的体育运动项目逐渐兴起并迅速流行开来。

1. 乡土体育教学内容

乡土体育是体育教育改革和创新的产物，是由体育教学研究者开发出来的、具有健身效能和浓厚的乡土特质的一种新兴的体育课程资源。

由于乡土体育主要来源于民间的自发形成，因此要特别注意乡土体育教学内容的文化传播功能，同时要注意锻炼的安全性和规范性，吸取其中的具有文化意义和健身价值的技击因素，摒弃其中具有负效应的因素和不正确的练习方式。

2. 体适能与身体锻炼

为了促进学生的身心健康协调发展，部分具有较强针对性的锻炼方式被引进到现代体育教学课堂。这些锻炼内容与运动项目的技能学习和训练完美结合，对于提升学生的身体素质和运动技能起到了更好的促进作用。

（1）体适能与身体锻炼教学内容的目标：通过体适能教学让学生掌握运动和身体锻炼的基本原则和方法，以此来帮助他们更加有效地提升运动技能。

（2）体适能与身体锻炼教学内容的要求：由于学习的对象是学生，因此教学要依据学生的年龄特征和他们的体质情况，遵循青少年体育运动的基本规律，与此同时教学内容的选择，要注意符合国家的相关规定注意锻炼的科学性和时效性。

3. 巩固和应用类课程教学内容

（1）巩固和应用类课程教学内容的目标：促进学生将体育运动的基础知识打造的更加坚实和牢固，并能够积极与体育运动实践相结合，使得学生在体育运动技能方面获得较大的提升。

（2）巩固和应用类课程的基本教学内容的要求：① 将巩固应用类课程与具体的体育教学内容相结合，并且要对课程内容进行一定广度和深度上的拓展，同时提示学生该类课程主要的应用范围有哪些；② 鼓励学生在对已学习的知识进行应用的时候充分发挥自己的发散性思维，积极创新。

二、高校体育教学内容的编排与选择

（一）体育教学内容的编排

1. 体育教学内容的编排方式

（1）螺旋式编排方式。螺旋式的体育教学内容，是指当某项运动项目的教学在不同的年龄或学段重复出现、逐步提高的一种设置方法。

（2）直线式编排方式。直线式教学内容的编排就是说某一项体育运动项目的理论学习和身体练习是一过性的、不间断的，一旦学过之后就不会再重复。

2. 体育教学内容的编排要领

在编排体育教学内容的工作中，要注意以下问题。

（1）充分考虑学生的基础与实际需要。体育教学的对象是学生，因此必须要对学生的身体基础和理论基础有一个全面的了解，同时还要考虑到学生的实际需求，这样才有可能产生实际的教学效果。与此同时，体育教学的难度上的安排也需要做缜密的规划，要保持一定的紧张度，又不能超出学生所能承受的负荷范围。

（2）高度重视不同的体育运动和身体练习的特征。在对体育教学的内容进行编排时，由于不同的运动项目的运动技能的具体要求各不一样，因此需要对其进行学习、巩固并做一定的改进，在领会其运动练习的核心特征的基础上能够灵活运用。

（二）体育教学内容的选择

1. 体育教学内容选择的依据

（1）体育课程目标。体育课程目标是体育教学活动的导向，因此体育教师对此要始终引起注意。体育教师可以根据体育课程目标去寻找或筛选合适的教学内容。

体育课程目标为体育教学内容提供了先导和方向，所以体育课程目标的设立都必须要经过专家的多方考证，以确保其科学性和可行性。体育科学化目标具有多元化特征，体育教学内容丰富多样，许多运动项目从某种程度上来说具有一定的共性，因此要对体育教学内容的主要特征进行分析，从中选出最具有代表性和最能够体现体育教学目标的教学内容。

（2）客观教学规律。

第一，选择体育教学内容要注意体育教学的一般规律。这也就是说在各个教学阶段都要选择与学生的年龄、身心发展规律、技能习得的规律以及他们的认知发展规律相匹配的体育教学内容。

第二，获得良好的体育教学的效果离不开学生的主动参与和积极的配合。对于青少年而言他们对于自己有趣味的、喜欢的内容他们的学习的热情就会大大增加，同时学习的效率也会倍增。因此体育教师要充分利用这一点，在体育教学过程中加强师生互动，添加一些趣味性的元素，同时还要注意采用多样化的方式进行教学。

（3）学生发展需要。体育教育教学的对象是学生，学校体育教育的意义在于促进学生在身体素质和认知能力都能够获得相应的发展。体育教学内容要考虑学生的喜好和他们的适应性。将学生的切实需求与趣味性相结合，设置学生乐于接受的体育教学内容体系，促使学生获得全方位的提升。

（4）社会发展需要。学生的个体发展是存在于一定社会环境下的，其不可能脱离社会发展的实际状况而独立存在。因此，在选择体育教学内容时除了考虑学生在健康方面的需求社会发展的客观需求也应当被纳入考虑的范围。

社会是实现个人价值的归属地，体育教学内容必须要有鲜明的时代性，要能够清楚地洞悉社会对于人才有着什么样的变化和要求，并由此来设立与之相适应的体育教学内容，以此提高学生的社会适应性。

2. 体育教学内容选择的原则

（1）教育性原则

第一，从教育育人的基本观点出发，来对体育教学内容进行合理性选择。

第二，将"健康第一"的思想落实到体育课程目标的设定和体育教学内容的选择上。

第三，重视体育教学内容能否体现积极向上的、优秀的文化内涵，促使学生在获得体育运动技能方面的提升的同时也可以在文化修养方面有所提升。

第四，考虑体育教学内容产生的效益是否具有均衡性和全面性。这里主要是指体育教育要促进学生的智力水平、思想品德、身体素质等方面的全面发展；同时还要注意不同年龄和不同学段的学生在身心发展特征以及学生之间的差异性特征，这些因素都是在体育教学选择中需要予以关注的问题。

第五，体育教学内容选择还要与社会发展和普遍性的价值观相一致，这将有利于学生的社会性和时代性的发展。

（2）科学性原则。科学性在体育教学内容的选择，可以说是举足轻重的，主要对体育教学质量的好坏以及学生发展的快慢能够产生不可估量的影响。

第一，体育教学内容必须是对学生的身心发展都是有积极作用的。如果一项体育教学内容对于学生的思想层面有消极的影响，那么即使它具有再大的健身价值我们也不能选入到体育教学内容当中来，而是应当予以摒弃。

第二，促进学生提升科学锻炼的意识，并对于科学锻炼的原理和方法形成一定的认识，有了健身意识和科学锻炼的理论指导，学生就会自然而然地自觉参与体育锻炼活动。

第三，注意选择设计科学的体育教学内容。

第四，体育教学内容应当与学校的师资以及硬件设施等客观条件相结合。

（3）趣味性原则。兴趣是提高学习效率的最好的帮手，是决定学生体育学习效果的一个主导性因素，因此体育教学应当突出其趣味性。

第一，有的体育教学内容过于强调竞技水平，应予以摒弃或对其进行改良。不可否认多数竞技项目具有较高的健身价值和教育价值，但是如果一味地用培养专业运动员的方法来进行日常的体育教学会使得学生对体育课产生抵触的情绪。

第二，引导学生在体育运动上的多样化、方向性的兴趣培养，为学生的多元化发展准备必要的条件。

第三，充分考虑到学生的喜好，尽量选择有一定趣味性的教学内容，同时还要积极选用游戏、竞赛、角色互换等多样化的课堂内容来展开教学。

（4）实效性原则。实效性是指教学内容的选择要具备简单易行、能够带来较大的实际教学效果，同时又能够促进学生的身心健康的发展。符合这些条件和要求的体育教学内容可以说都是比较好的选择范围。

第一，实效性就是要讲究实际的教学效果，杜绝照本宣科的本本主义。过去有的教学内容存在偏、难、旧的问题，在体育教学改革的进程中，这些问题被提出，国家相关文件要求一改过去教学过于依赖教材的现象，重视体育教学的实践，着重要提升体育教学的实际效果。

第二，体育教学的娱乐性与实效性。体育运动项目种类繁多，五花八门。体育教师在进行甄选时要注意时下流行什么、哪些项目的是受青年学生所喜爱的、是否具有较高的健身价值和教育意义，只有注意这些问题才能够将体育教学与学生的生活联系起来，有效促使学生形成正确的、积极健康的体育观。

（5）适应性原则。适应性原则的根本要点，是要求体育教学内容的选择要因地制宜。这主要是由于不同的地区的地理环境、气候条件、文化习俗、经济发展水平存在有一定差异性，他们对于体育教学的目标内容的诉求也就不一样，因此需要区别对待，以实现体育教学效果的最优化。

（6）民族性与世界性相结合原则。体育教学内容要体现出民族性特征，也要与世界体育发展理念和发展趋势完美对接，这样才能把我国建设成为名副其实的体育强国。

我们要以客观的眼光看待任何事物，既不能对自己民族性的东西盲目自信，对于舶来品也不能盲目崇拜，当今体育教学的宗旨是既要跟上世界发展的潮流又要体现民族的特色。这就需要我们在保持传统体育优秀部分的同时，选择性吸收和借鉴国外的体育教育课程中的精华部分，形成具有时代性、先进性和中华民族特色的体育教学内容。

3. 体育教学内容选择的过程

（1）评估体育素材价值。体育教师平常要多关注社会生活和社会的发展和变化，以便于在选择体育教学内容的时候可以根据社会的生产和科技、教育等方面的发展对人产生的影响以及人们在体育健身方面的需求较之过去发生哪些变化。然后以此为基础对已有的体育素材进行具体的分析。选择合适的体育教学内容需要进行科学的论证，要看其是否能够促进学生的身心健康发展、是否能激励学生自主进行体育锻炼、是否能够提升学生的思想意识水平。然后依据所选的内容展开体育教学活动。

（2）整合运动项目与练习。体育运动项目种类繁多，运动的形式也各式各样，因此他们对于人体产生的作用也是有所差异的。基于以上事实，在实际的体育教学中，在选择体育教学内容时，就必须在学校体育教学目标的基础之上，分析出各个体育运动项目对学生身体机能和体能素质具有哪些方面的促进作用，以及其中的原理是什么，然后将不同侧重点和功能的体育运动项目进行整合、筛选、加工，最后形成具有全面促进学生身体素质增强的体育教学内容。

（3）选择体育运动项目。事实上大部分的体育运动项目都适合于作为学校体育教学的素材。关键问题就在于对这些体育内容素材怎么进行选择和组合，以在有限的时间和空间内发挥出体育教学最大的效能。学校体育教学内容可选择的范围巨大，要在教学的时间段完成全部项目的学习是不现实的，因此就需要在学校客观条件和学生全面发展的需求的基础上，选择具有代表性的体育健身项目来作为教学的重点内容。

（4）分析内容的可行性。选好体育教学内容，就需要对地理环境、气候特征、体育场馆、器材设施等做一个全面的考察，并分析体育教学内容的可行性特征，制定出与之对应的弹性实施政策，以便在可控的范围内完成体育教学内容，保证教学的质量。

三、高校体育教学内容开发与体系构建

（一）体育教学内容的开发

1. 体育教学内容开发的意义

"在高校教学中，体育教学作为一个重要的组成部分，对促进学生素质的提高有着很重要的作用。[①]"体育教学的教学内容是否科学，即教学内容的开发将会对整个教学过程产生十分重要的作用，具体表现如下。

（1）使体育教学内容体系更加丰富。开放体育教学内容，不仅可极大程度地保障体育教学目标得以有效实现，还能确保学生在未来可实现全面发展，成为对家庭、对社会、对国家有用的人。就目前来看，传统体育教学内容的发展已经基本趋于停滞状态，陈旧、落后且单一的教学内容极大地压抑了学生学习热情。体育教学内容在传统体育教学思想以及体育教学大纲的影响下，内容所涵盖的范围会相对较为狭窄，不仅忽略了各地在经济、文化、教育以及学生发展的不均衡性和特殊性，还忽略了地方、民族和学校本身所具有的特色。此外，课程内容的选择置换功能在上述种种因素的影响下也变得相对较为缺乏，只能适用部分地区。针对学校体育课程内容进行开发，可进一步来丰富、拓展以及充实体育教学内容体系，促进体育文化的传递、创新和发展。

（2）对体育教师的专业发展起到促进作用。事实上，开发学校体育教学内容的实际过程，也是体育教师不断提高专业素质、积攒教学经验的过程。因此，开发程度以及范围势必会对体育教师的专业化程度以及水平产生重要甚至是决定性影响。传统体育教学在选择以及安排教学内容时十分重视内容与内容之间的逻辑性，所以存在过分重视运动技能的系统性和完整性这一弊端。在教育改革持续深化的今天，素质教育倡导要注意学生的全面成长，体育教学深受其影响，在内容的安排上更加丰富全面。因此，当下对于学校体育教学内容的开发，大胆突破传统体育教学的不足，以期将体育教师的能量更加充分地释放出来，使其得以真正成为体育教学的主

---

① 田鹿，刘磊波. 浅谈高校体育教学 [J]. 现代营销，2014（2）：84.

导者。

（3）培养学生创新能力。大胆对于现有的体育教学内容进行开发、开拓以及延伸是一件极其有益的事情，除了可以极大程度地培养起学生参与体育运动以及学习的兴趣之外，还可以使学生能够以极强的热情投身到这一过程中。此外，丰富并开放的体育教学内容还可以以其极其丰富的形式以及手段为学生打造一个良好的学习环境以及氛围，使学生们在感官、信息以及思维上得以获得刺激，可在自身主观意愿的驱动下积极主动地投身到参与体育学习之中，逐步理解以及掌握体育知识、技能的同时，培养其吃苦耐劳、不畏艰辛的高尚情操。另外，体育教学内容的开发，还可以改变学生的学习方式，引导学生主动探索体育理论以及技能中蕴含的奥秘。学校学生作为教学主体，其对于体育的兴趣、知识、技能等均是构成体育教学内容资源开发的有机部分。倘若学生能够以主动、合作、探究的方式走进体育课堂，这将对学生的实践以及创新能力的培养十分有益。

2. 体育教学内容开发的目标

体育教师在开展学校体育教学这一过程中，一定要注意充分考虑周围的影响因素，将其充分利用起来，引导学生在参与以及学习的过程中逐渐提高探索、发现、分析、解决问题等方面的能力。体育教师一定要注意分清主次，在仅有成本的基础下将那些利于学生实现终身发展的体育教学内容放在首要地位。体育教师要以一种开放的态度不断学习新知，以此来不断充实自己，提高对于信息的吸收、加工、储存、应用能力，进而敢于对于体育教学的弊端进行创新。通过对于学校体育教学内容进行开发，不仅可以培养学生对于运动的兴趣和提升学生运动能力，还能使学生实现身心健康发展，增强其社会适应能力，进而为我国社会培养出高素质人才。

3. 体育教学内容开发的主体

（1）体育专家与学者。目前，支持体育教学内容进行开发的主要人员是我国体育教学领域内的专家和学者。他们凭借其较高的专业水准以及丰富的经验，对于我国体育教学领域现存的问题有相对较为深刻的理解及认识。另外，这些问题的解决也同样有赖于经验以及专业素养。

（2）体育教师。在教学过程中，体育教师既是教学内容的具体实施者和操作者，也是体育教学内容开发的主导者。在开发教学内容时，体育教师除了需要充分利用体育教材、学校体育设施条件和课外体育活动的资源之外，还需要实地调查学生的需求，并以此作为依据，指导其开展后续的工作。

（3）学生。学生这一群体作为体育教学中的参与主体，对于体育教学目标能否实现具有决定性意义。在开发体育教学内容的过程中，不管是学生的身体素质还是学生的运动技能水平，以及体育兴趣等都具有极其重要的影响。此外，学生具体所采用的学习方式也会在相当大的程度上对体育教师选择以及开发体育教学内容上起决定作用。

4. 体育教学内容开发的方式

（1）改造竞技体育项目。目前，竞技体育项目已经成为组成学校体育教学内容的主要部分之一。因此，开发或者革新学校体育教学内容，势必要对竞技体育项目加以改造，这点是重要且必要的。有一点值得注意的是，以体育教师为代表的相关人员在改造项目时，一定要基于体育教学所具有的独特特点、规律、目标与要求来进行，使其可以和体育教学内容的特点以及条件具体一致性，成为被学生喜欢的体育项目。

（2）改造新兴运动项目。在国际大众体育持续发展的今天，更多国际流行的新兴体育项目涌入进我国，这些项目不仅新颖，而且趣味十足，可以很好地满足学校学生的实际需求。由此可见，学校引进这些新型运动项目，势必会给学校体育教学注入新的活力，使体育教学在内容上花样更多，更加能够满足学生的实际需求。但是有一点需要特别注意的是，因为上述所说的新兴运动项目通常都源于西方发达国家，因此对于运动设施或场地条件具有特别的要求，甚至还有一些项目在安全方面存在一定隐患。针对这类新兴项目，体育教师在改造时一定要基于学校自身的场地、器材，以及现代新兴运动项目设定的运动规则、原理及方法，来对于教学内容进行设计，使其可以和学校体育教学进行融合，更加具有适用性以及实效性。

（3）改造民族传统体育项目。不管是蒙古族的摔跤、藏族的歌舞还是维吾尔族的舞蹈等，均是我国历史积累下来的宝贵财富，深受广大人民群众的欢迎。在开发学校体育教学内容时，体育教师应该积极主动地对于上述这些民族传统项目进行改良。

（二）体育教学内容体系构建

1. 体育教学内容体系的构建设想

如今体育教育更加重视了各阶段教学内容的连贯性、知识难度的循序渐进以及体育知识的系统化。例如，在球类与体操学习目标的表述中，水平四到水平五学习目标的主要变化为从"基本掌握"和"基本完成"到"较为熟练地掌握"和"较为熟练地完成"。但是，如果是不同类的球类项目或者是不同类的器械体操，要想通过采用"大循环"排列方式实施体育教学内容来实现水平四到水平五的进阶发展，就会显得十分困难，这是因为"大循环"的方式难以保证各阶段教学水平和学习效果的一致性，所以也就无法保证不同项目的学习都能获得比较理想的效果。

学校如若要使每一位学生通过学校体育课程的学习掌握一到两门体育运动技能，就必须要科学选择教学内容，还要注意教学内容安排的全面性、专业性和系统性。具体而言，就是要按照国家的要求，根据本地区实际情况还有学生的实际需求和爱好，分年级、分层次地实施体育课程教学，在教学方法的选择上要注意灵活性与严谨性相结合，既要充分调动学生的学习的积极性又要能够井然有序地开展，以实现既定的教学目标。最终使学生能够逐步地掌握整个运动项目的理论与实践方面的学习内容。

2. 体育教学内容体系的构建框架

（1）学校体育教学内容体系构建的逻辑性。体育教学内容与教学目标是一脉相承的，换言之，体育教学内容的设计要遵循以教学目标为导向的思想，依据相应的体育课程教学目标的阶段性要求，这是因为课程目标的阶段性特征以及其内在的逻辑性对于不同阶段的体育教学内容会产生重大的影响作用。根据学生的认知水平及其发展规律，学生有低年级到高年级的体育课程学习目标也是成循序渐进的关系，所以其教学内容的设置也应当是由少到多，由易至难、由表层至内在的过程。

体育教学内容体系的构建的逻辑性，是要以科学化的体育课程目标为指导，充分遵循学生的学习认知规律、机体适应规律、动作技能发展规律等客观规律，尤其是体育课程内容要与学生在身体发育过程中不同的体能素质发展的敏感期特征相适应，抓住发展体能素质的最佳时期，以提高学生的身体素质和运动技能水平。

（2）学校体育教学内容体系构建的基本框架。体育教学内容多种多样，从表面来看似乎是杂乱无章的，但是如果对其深入观察和研究可以发现，所有的优质的、合理的体育教学内容内部是有其逻辑线的，实质就是通过对体育教学内容各要素，如学生对学习的兴趣、运动技能所需的基本动作的储备、学生自身的学习和思考能力、训练强度和训练时间等方面的控制，来提升各阶段学生对学习内容难度的适应性，进而在学生的整个体育学习的进程中，使得学生的体育知识和技能以及他们的学习能力都处于不断上升的过程，同时通过这样对教学内容各要素的控制，最终达到提升学生的综合能力的效果。

3. 体育教学内容体系的构建说明

（1）三类体育教学内容的相互关系。体育教学的三大内容是指基础类技术体育教学内容、提高和拓展类体育教学内容、终身体育教学内容，三者是基础与提高的递进式关系。通过对以上三类体育教学内容的逻辑性分析，邻近的两个内容之间既有基础性提高又有技术性提高的关系，所以在不同的年龄段选择排列体育教学内容时应充分考虑这一因素。

（2）体育教学内容体系构建的基本要求。要提高学生对体育运动技术的掌握程度，为践行终身体育的理念准备必要的技能基础，有效提升参与体育运动的实际效果，就要注意体育教学内容的完整性和系统性，具体应当做到以下方面。

第一，要有明确的目标。根据国家对体育教学课程管理的要求来制定切实可行的课程目标，使得课程目标的确立与更好地开展学校体育课程的思想相契合。

第二，要有科学的规定。在选择和规定体育教学内容和运动项目时，应当充分考虑地域性因素，比如当地流行和擅长的体育项目，当地传统体育的特征和优势，同时还要结合国家体育倡导的发展方向和发展理念。

第三，要有一定的灵活性。从学校的层面上来讲，应根据学生的学段和体育运动学习的规律性特征进行选择，同时要尊重运动项目自身的技术逻辑性和教学的规律性特征，灵活选择体育教学内容，安排丰富多样的学习内容，既能保证学生学习的积极性，又能达到预期的教学效果。

4. 体育教学内容的创新化体系

"在素质教育的推广和发展中，高校的体育教学也在不断创新和完善。[①]"社会发挥日新月异，学校体育教育也要与时俱进，在社会发展的新条件下，在新课改的指导下，体育教学内容越来越重视与学生日常生活之间的联系，与社会发展需求相一致，这同时也对体育教学内容的丰富性与实效性提出了越来越高的要求。一般来说，创新化的体育教学内容体系

---

① 刘磊. 高校体育教学中新媒体技术的应用分析 [J]. 拳击与格斗，2022（4）：81.

应当包括身体教育、保健教育、娱乐教育、竞技教育和生活教育五个方面。

（1）身体教育。身体教育是体育教育的重要方面，其主要目的是提高机体的各项基本活动能力以及人体的身心健康水平。身体教育体现了学校体育是为学生的体质健康服务的本质特征。基于"健康第一"的体育教学指导思想和理念，学校体育教学越来越重视学生健康水平，尤其注重身体的发育和发展以及力量素质、耐力素质及柔韧性等与体质健康密切相关的运动素质的发展。

（2）保健教育。保健教育是与学生的健康密切相关的另一方面的教育，具体是指教育学生学会在学习体育知识和生活的实践中保护自己的安全和健康状况，其中包括一些生理、保健、运动处方等方面的知识。将保健知识融入体育教学当中来，能为学生的健康成长增加一道坚实的屏障。

（3）娱乐教育。娱乐教育是体育教学内容体系发展与完善的又一重要内容，娱乐教育的提出旨在提高学生参与体育学习的兴趣和热情，调节学生的情绪，从而提高学生的学习效率和学习能力，同时它也是"以人为本"核心教育思想的重要体现，值得广大体育教育工作者的关注。娱乐化的体育活动为社会生活增光添彩，与人们的生活紧密相连，受到人们的普遍性的欢迎。每个民族每个地区都有着其独特的、丰富的娱乐体育活动，因此也为娱乐教育提供了丰富的资源。常见的民族和民间娱乐体育项目有许多，如武术、太极拳、踢毽子、抖空竹、荡秋千等，这些项目不仅丰富了学校体育活动内容和体育课程资源，将其发展为学校娱乐教育项目还可以促进我国传统体育文化传承与发展。

（4）竞技教育。竞技教育主要是指为了专项运动的比赛成绩，以专项运动项目为主要内容的体育教学，在过去很长一段时期内，由于提升国际影响力的需要，我国学校体育发展的重点是放在竞技体育的项目上面，之后随着我国经济与社会的全面发展，国家新课改对体育教学提出了"健康第一""以人为本""终身体育"的思想和理念，竞技体育不再占学校体育教育的绝对主导的地位，而是与以上的体育教育新理念并重发展。

作为体育文化的重要组成部分，竞技体育有着其不可替代的积极作用。主要体现为：培养学生对于体育运动的兴趣、增进学生的体质健康、培养学生坚强的意志品质、增进学生的竞争、合作的意识与社会责任感等方面。但是在一般性的体育教学过程中，不能不加思索和变通，而对运动员的要求直接生搬硬套，否则会适得其反。对于非体育专业、非运动员的学生要区别对待，根据学生的实际情况，对体育教学内容进行改造和优化，促进学生运动技能的提升和全面发展。

（5）生活教育。生活教育主要是指野外防卫训练、户外拓展练习、冒险教育及健康生活的相关教育。人们的生活深受社会发展的影响，城市化发展带来了越来越高的物质生活条件，但同时也给人们带来巨大的精神压力和环境压力，人们都渴望通过回归自然、亲近自然获得身心的放松和愉悦。而随着这种追求的不断提升，对人的综合知识又有了更大的要求，于是许多与生活教育相关的新型的体育教学内容应运而生。

当前我国体育教学当中的生活教育还没有大范围的普及，但是随着社会的进一步发展，以及体育教育改革的持续深化，生活教育在未来的学校体育教学中的比例逐渐增加是必然的趋势。尤其是具有冒险性、趣味性和实用功能的野外生存和拓展训练将作为生活教育的重要内容在未来的学校体育教育中得到推广。

四、高校体育教学内容发展要点与趋势

（一）体育教学内容的发展要点

如今，我国越来越重视对于学校体育教学内容的挖掘、革新以及应用。具体来说，各个学校可从以下几方面具体入手展开。

1. 注入终身体育理念

伴随着生活水平的提高，人们愈发重视健康，体育运动在此理念的作用越来越受人们的欢迎，甚至可以说已经成为人们生活的重要组成部分。终身体育这一理念，已经深深地扎根在人们生活中，成为人们的重要认知。学校体育教学也同样应该坚持终身体育这一理念，以此来引导学生在体育技能的学习过程中建立起终身体育的意识。终身体育这一目标能否实现主要取决于：学生在参与体育活动这一过程中所需具备的技能、知识以及态度。在挑选学校体育教学内容时，体育教师一定要重视选择那些带有终身参与性质的运动项目，重点教授其运动方法和文化，引导学生对于体育参与形成强烈的兴趣，进而得以养成终身体育的习惯。

2. 重视学生的主体性

传统体育，在选择教学内容时受各种各样因素的制约及影响，这是一个多方加以考虑的结果。在过去，体育教学大纲在挑选以及设计体育教学

内容时，通常情况下都以教育工作者的价值取向作为侧重点，而不重视学生的价值取向。现在越来越多的学者以及教育工作者已经意识到这一不足，开始转变观念，根据学生的实际需求来安排教学内容，学校体育教学内容也因为越发科学合理。

3. 重视学生的全面发展

以往的体育教学在传统教学理念以及模式的影响下单一地只重视挑选那些对于学生身体素质以及运动技能有益的体育课程，不重视对学生的心理、社会化等方面素质的提升。在教育改革步伐逐渐深化的背景下，素质教育已经成为一个不可逆转的发展方向，现代学校承担着促使学生得以实现全面发展的重任。因此，这就要求体育教师一定要基于素质教育来对于学校体育教学内容加以选择与确定，保证其学生可以更好地实现全面发展，促使素质教育的目标可以得到真正践行。

（二）体育教学内容的发展趋势

1. 教学内容学段分化与教学需求化发展

在过去，体育教师通常情况下在选择教学内容时主要的依据是体育教学目标，或体育项目所具有的技术，因此在教学内容的选择上并不太严谨。新时期，体育教学内容有所不同，更加偏重于对于教学的科学性研究。体育教师在选择之初便会对于教学内容加以多方考虑，除了关注教学客观条件之外，还关注处于不同年龄阶段以及不同性别下学生的体育学习需求。

2. 教学内容更注重学生的终身体育培养

在传统体育教学，教师重视提升学生的竞技能力。因此，体育教学中安排的内容多是带有竞技性质的内容。在现代体育教学，教师更加重视培育以及提升学生终身体育知识、技能，以期学生能够实现长远发展。现代背景下，不管是教授体育教学内容还是传播体育教学内容其最终目标都并非保证学生的竞技水平得到提升，而是服务于学生的终身体育。依于终身体育教育教学总目标，体育教学内容在进行选择时应将健身性、运动文化传递性和娱乐性三者之间的关系协调好，使其更加贴近于学生生活，可以为学生的体育参与提供指导。

3. 教学内容更加关注学生的教学主体性

不管是选择体育教学内容还是确定体育教学内容，都需要综合进行考虑。在以前，体育教师在教学大纲的指引下通常都将教育工作者自身的价值取向作为选择以及确定体育教学内容的指导思想。

在体育教学改革进程逐渐深化的今天，体育教学将以教为重的思想逐渐转为以学生为重，根据学生的实际情况，以学生的价值取向作为指导，来为学生设计以及确定教学内容。

4. 教学内容更强调学生综合素质的提升

传统体育教学，主要为竞技体育人才的发现以及培养服务。因此，其在设计体育教学内容时，重视对于学生体能、技能训练和达标，多选择那些更加具有专业化的体育运动训练技能。

新时期，体育教育则有所不同，在素质教育理念、"以人为本""健康第一""终身体育"等教育理念的影响下，侧重于关注那些利于学生实现身心健康、全面发展的内容，其在设定根本目的时也围绕其进行设置。"高校体育教育是高校教育中一门重要的基础学科，它所给予大学生的不仅是锻炼身体，使学生拥有一个强健的体魄，还能够锻炼学生的意志力，在面对挫折时能够起到积极的作用。[①]"具体来说，现代体育教学除了关注身体能力的提升之外，还关注心理、智能以及社会适应能力等方面的提高。

第三节　高校体育教学的基本功能

高校体育教学功能，指的是高校体育以其自身的特点对学生和社会施加作用后，产生的良好影响和作用。高校体育教学如果没有自身固有且独特的特点，是不会对学生和社会产生良好效应和积极影响的。然而，如果学生和社会无法接受和利用高校体育教学的功能，那么高校体育教学也就无法顺利发挥自身的功能，因而也无法产生预期的效果。体育教学之所以能够在漫长的历史上不断得到发展，而且发展成果越来越多，越来越受重视，正是因为人们认可并充分利用了学校体育的功能。

---

① 张淼. 试论构建高校体育教学创新体系 [J]. 当代体育科技，2021，11（13）：208.

随着社会的进步和体育教学地位的不断提升，人们对体育教学功能的认识也越来越全面，越来越深入，这有利于体育教学功能在高校的进一步发挥，从而促进大学生的全面发展和社会主义物质文明和精神文明建设。

具体来说，高校体育教学的基本功能表现如下。

一、健身悦心的娱乐功能

高校体育教学的一个重要目标是教会学生合理、有效地利用身体，保护身体，从而提高身体健康水平，可以说学生的体育学习是一种利用身体同时完善身体的过程。"用进废退"的生物学规律在人体的发展中体现得非常明显，大学生只有科学合理地参加体育锻炼，才能使身体的极限效能得到充分发挥。在锻炼过程中，神经、肌肉会保持活动状态，这能够使人体运动系统和其他生理系统的功能得到有效的保障，并产生许多良好的反应。在体育教学中，学生是否可以快乐地参与其中，获得健康的身心，要看学生是否从内心深处喜欢运动，是否对此感兴趣，是否情绪高涨。

随着社会的进步和生活条件的改善，大学生的营养补充越来越全面，生活条件也得到了很好的改善，这就为其身体娱乐活动提供了良好的条件。运动与娱乐对大学生来说不可缺少，就像水和食物对原始人类来说必不可少一样。在体育教学中，学生的身体娱乐以身体活动为主要媒介，与其他娱乐方式相比，这种娱乐方式的功效更多，大学生在体育学习中进行适度的身体娱乐活动，能够达到健身与悦心的效果，从而提高身心健康水平。

二、养成良好的竞争意识

人类生活与竞技比赛有高度的相似性，因为人类与自然、社会、对手等相关对象之间存在竞争关系，只有在不断的竞争中，人类才能更好地超越自己，完善自己，过上理想的生活。创造有利的条件来不断充实自我是竞争参与者必须重视的问题。这里的条件指的是竞争者受自己意识支配的合理竞争行为。不管是参加比赛，还是观看比赛，这对人们来说是生活中非常重要的竞争预演。我们可以客观地将运动场看作一个浓缩的现实社会，这个小社会比较特殊，但可以反映大社会的方方面面。

在运动场上，参与者可以养成良好的品质和行为习惯，依据迁移原则，这些积极的变化会有效地作用于参与者的日常行为，并产生被社会高度认可与接受的因素。运动场上有输有赢，社会生活的其他方面同样如此，只不过其他方面的输赢更多地体现在得意与失意上。不仅是运动员，包括大学生在内的所有群体都应该养成胜不骄、败不馁，顽强拼搏，勇于进取的良好品质。

体育运动讲究公平竞争，从这一点来看，体育教学有助于大学生良好的竞争意识的培养。现代奥林匹克运动，有机地融合了体育与文化教育。奥林匹克主义是将身、心和精神方面的各种品质均衡地结合起来，并使之提高的一种人生哲学。奥林匹克主义所要开创的人生道路是以奋斗中所体验到的乐趣、优秀榜样的教育作用和对一般伦理基本原则的尊重为基础的。奥林匹克运动的重要教育价值是其发展到今天并产生深远而广泛影响的关键。

竞技运动是高校体育教学的重要内容，通过相关内容的传授，可以教育大学生不断超越自我，不断完善自我，树立良好的竞争意识，这方面的教育意义远比让大学生在竞技比赛中夺冠重要。

三、提升适应能力，调整自身行为

现代社会中，竞争越来越激烈，人们的生活压力越来越大，适者生存的观念已经深入人心，因此大学生必须具备良好的社会适应能力，从而更好地立足于社会。体育教学在对培养个体适应能力方面具有重要的作用。社会适应能力是一个广泛的概念，对不同的人有不同的侧重，但大学生只有具备全面的个人适应能力，才能保证自己更好地适应社会环境的变化，这里的全面具体指身体、心理、情感、道德等方面，缺一不可。体育教学贯彻"以人为本"的理念，对学生的兴趣爱好充分予以尊重，这样的教育活动有利于培养与提高大学生的适应能力。

体育教学可以提高大学生的适应能力，由此可积极影响大学生的行为，使其行为产生有益的变化。体育教学中很多活动与行为都合乎社会要求，所以很容易被社会认可和接受，相反，那些与社会要求不符的行为就得不到社会的接受，而且会遭到阻止。合乎社会要求的体育活动对大学生来说非常有价值，能够使大学生不断调整自己的行为，不断向社会道德准则和行为规范靠近。体育教学还有利于培养大学生的智力，发挥大学生的聪明才智，使大学生有想法、有干劲、有创新，并使大学生的行为更加机智、勇猛。

四、积累多方面相关经验

经验对于每个人来说都非常重要，生活中处处可以积累经验，而且处处离不开经验，随着经验的积累，人们会获得更好的生活能力。人的经验是丰富多样的，对于参与体育学习的大学生来说，除了读、写、说、算方面的经验还需要具备多方面的专门经验，具体表现在以下几方面。

第一，动作经验。坐、立、行，举手投足等都是最简单的动作经验；判断距离、判断速度、判断时间等是比较复杂的动作经验，这些都是大学生在体育教学中需要具备的经验。除此之外，大学生还需要具备应付突发事件的能力，而这些经验与能力可以在体育教学中获得，换言之，体育教学活动可以培养大学生的这些方面的能力，使大学生获得相关的动作经验，从而更好地参与体育锻炼。

第二，品格经验。品格经验在体育运动中至关重要，参与者只有公平竞争、信守诺言、服从法规制度、协调合作，才会受到社会群体的认可，如果不具备这些社会品质，常常会遭到排斥。

第三，情绪经验。现代社会是文明社会，社会个体不能用野蛮方式来发泄自己的不良情绪，否则会对社会的秩序与和谐造成影响。而体育教学有助于让大生学会调节自己的情绪，保持良好的心理状态。

任何学生都必须具备上述品性和经验，这是必备素质，体育教学属于综合性教育，同时也是非常重要的生活教育手段，能够积极影响与改变大学生的情绪、心智、行为、品性等，使大学生获得更加全面的发展。

第四节　高校体育教学的环境优化

一、高校体育教学环境的特点

体育教学环境的定义为对体育"教"和"学"效果有影响的，显性的和隐性的教学条件以及这些条件共同构成的教学场景，主要包括制度环境、人文环境和物质环境三个方面。

相对于其他学科的教学环境，体育教学环境有很大不同，这是由于体育学科的特殊性而造成的。多年来，很多学者对体育教学环境进行了概念的界定，但是迄今为止尚未有统一的概念。当界定这一概念时，首先应该建立一个思考的起点，那就是厘清什么是环境，将环境定义为一个与特定的中心或主体相关的周围事物的总和，然后在此基础上界定体育教学环境的概念。

在体育教学环境这一概念中，体育教师和学生在体育教学中占有非常重要的地位，因此，体育教学环境可以定义为：对体育"教"和"学"效果有影响的教学场景。

体育教学环境的定义可以分为广义和狭义两种：广义的体育教学环境一般包括高校体育场馆设施、高校体育制度、师生关系等许多方面；狭义的体育教学环境，指的就是体育教学活动中与体育教师和学生有关的所有因素的总和。

高校体育教学环境具有以下特点。

第一，对学生影响的自发性与潜在性的特点。体育教学环境与学生的关系就像水与鱼的关系一样，它每时每刻都影响着学生的学习活动。作为学生学习的背景而存在的体育教学环境，刺激强度较弱，具有一定的暗示性，因而通常使学生在悄然无声中产生各种潜移默化的影响。

第二，对学生影响的双重性和双向性的特点。首先，体育教学环境中涵盖的信息具有明确的指向性，要么是指向体育教学目标，要么是背离体育教学目标；既可能对学生的学习活动产生积极、正面的影响，又可能对学生的学习活动产生消极、负面的影响。然后，学生不是单纯地、被动地接受着体育教学环境的影响，而是同时将其自身作为重要影响因素反作用于体育教学环境，对体育教学环境发生积极或消极的反向作用。

第三，体育教学环境设计的目的性和计划性。体育教学环境的设计是有计划、有步骤、有目的的，而不是随意进行的。

教师在体育教学中设计和运用体育教学环境的基本依据是体育学科的基本特质、体育教学的目标以及学生的身心发展特点和规律。因此，体育教师科学地、有目的地、有计划地选择和设计一定的体育教学环境，以引起学生参与的兴趣和积极的态度体验，从而探索知识、发展能力的过程可以被认为是体育教学过程的本质。

第四，体育教学环境的科学性和可调控性。按照一定的教学目标和需要专门设计与组织起来的一种特殊的环境被称为体育教学环境，预先进行一定的严密的论证、选择、加工和提炼才能构成体育教学环境的因素，才能保证其在体育教学过程中有效地发挥相应的作用，因而可以认为体育教学环境是具有科学性的。同时，在体育教学过程中，能够随时根据教学环境的变化以及教学活动的需要，不断对体育教学环境进行适当的调节与控制，使体育教学环境积极满足学生身心发展的需要，消除不利因素，从而使体育教学环境朝着有利于教学活动的方向发展，因此，从这一点上说体育教学环境又是可以调节和控制的。

第五，体育教学环境的复合性。体育教学活动相对于一般文化课教学是比较复杂的，首先表现在体育教学目标的多样性和体育教学内容的丰富性；其次还表现在整个教学活动的组织工作是复杂、多变的。体育教学环境的复合性是由体育教学上述特点决定的。

一方面，体育教学环境所需要的物理环境是复合的，除了需要教室、投影仪、黑板、电脑等一般的教学设施，它还需要足球场、体育馆、田径场、网球场、跳高架、计时台、体操垫、健身球等专业的运动场馆、设施和器材。这些场馆、设施和器材，与温度、空气、阳光、大地、树木、风向等自然环境紧密结合在一起，共同对学生的身心发展起着积极作用。

另一方面，体育教学的心理环境也是复合的，体育教学环境是在具有显著的开放式特点的空间区域——田径场、足球场或其他户外场地里进行的，这种空间区域的变化，必然使得体育教学中教师与学生之间、学生与学生之间的人际关系更加复杂。

第六，体育教学环境的时代性。整个社会环境对体育教学环境具有非常显著的影响，体育教学也必然会随之产生诸多影响，为适应这些影响，体育教师的业务素质、教学行为、教学方法、教学手段等也要相应地进行一系列的更新和完善。

在体育教学中，学生的参与兴趣、教师的参与程度以及学生之间的相互作用，这些体育教学环境的主体，是关系到体育教学环境是否能充分反映时代精神的主要内容，并具有一定的特殊性。体育教学环境始终伴随着不同时期社会背景、社会政治、社会经济、文化发展、学校培养人才方案、培养目标而形成变化和发展，并充分体现出体育教育的时代性质。

二、高校体育教学环境的功能

在高校体育教学中，有些学生因其身体素质差而感到害怕和恐惧，而这时需要的是一种激励人心的语言，以帮助建立信任、打破其心理障碍和获得成功的喜悦。掌握学生的心理特点，使所有的学生都能参加活动，从而形成良好的课堂气氛，课堂气氛活跃了，学生可以在玩耍的同时进行体育锻炼，体育教育是一门与其他学科不同的教育课程，提供激励措施对创造良好的学习效果、建立学生信心、激励学生和培养健康的个性以应对挑战、克服困难和在体育教学中取得更好的成果都很重要。

教学艺术不是选修课，也非不教授、只灌输，学习的积极性是成功教学的关键，这是中国和其他国家教育工作者的共识。

在新的教学环境下，体育教学能够充分激励和体现学生的主导作用。结合学生的个人特点使他们能够充分发挥潜力，激励他们学习，同时，激励作用是确保学生主动学习和真正确定其学习对象地位的一个重要条件。

三、高校体育教学环境"人"的要素

体育教学管理的核心是人，提高体育教学效率、改善体育教学效果，最核心还是要聚焦在人的因素。体育教学环境中的人力因素是体育教师和学生，因为体育是学习和生活之间的一种交流过程，因此，体育教学是一种重要的工具。体育教学必须以生活的特点和发展的原则为指导，以达到一个更加全面、和谐和不受限制的水平，在这一水平上，教师是教学活动组成要素中最活跃的部分，是教学活动的发起者、管理者和维护者。在体育教学环境中，学生及其行为要素，对体育教学也有重要的影响。

体育教学对于高校体育工作和提高高校体育教育质量是至关重要的，确保学校对体育教学环境进行有效的管理，是实现优化体育课堂教学过程这一目标的先决条件。体育教育质量与全面优化学习环境有着不可分割的联系，例如学校管理系统的创新、教育管理人员的领导和体育教师技能的提高等方面。体育教学物质环境和制度环境的正规化发展进程需要学校领导成员、体育机构成员、各院系领导之间的互动和密切合作并协调他们之间的各种人际关系等。然而，如果没有统一各部门的良好管理，这种合作就无法实现，特别是在新课程改革的框架内采用三级课程管理制度，增加了体育管理人员与体育教师建立良好人际关系的要求。在这方面，尤其应该加强体育管理人员与体育教师之间的沟通。

此外，学校必须建立一种管理模式，以确保体育管理人员有一个良好的管理模式，以确保体育管理人员的工作业绩、体育教师的职业生涯和学生的学习成绩共同发展。支持基于体育教师专业发展的多样性和持续性培训和进修，使体育教师能够积极参与、投入工作，不断提高其专业化水平，并建立体育教师和学校管理者之间良好的互动关系。除此之外，高校体育工作有效的管理体制可以更好地为体育教学活动服务，从而保障体育教学的质量。

体育教学活动由两个部分组成：一部分是体育教师的教；另一部分就是学生的学。这两个部分的有机结合组成了体育教学活动。提高教学效果首先要把握教学活动的规律，从教学活动的构成要素看，教和学虽然共同组成教学活动，但师生在教学活动中的地位应当非常明确。教师的主导地位和学生的主体地位已经在教育学的领域里受到大家的认同，体育教学活动中亦是如此。体育课教学中，体育教师领导着教学活动的开展，把握着教学的进度，选择教学内容，实施着教学计划；而学生在体育教师的指导下，跟随体育教师的节奏，不断地掌握体育锻炼的知识、方法，学生的学习效果是体育教学的落脚点。

体育教学活动是由体育教师和学生的双向活动组成的，二者不可分割，虽然体育师生关系和体育运动队的师徒关系有别，但在一定程度上也类似于教练和运动员的关系，都是在教师（教练）的指导下，提高体质（运动成绩）、掌握科学锻炼的方法和原理。师生的共同努力创造了良好的体育教学效果。体育教师和学生在体育教学活动的地位，同样也是主导和主体的地位；体育教师和学生在体育教学环境中工作和学习，他们同样是体育教学环境的组成部分：他们适应着环境，也建设着环境、改变着环境。体育教学人文环境中人的要素主要体现在以下两个方面。

（一）高校体育教师

教育是社会经济发展和社会进步的动力，成功与否取决于是否有一支高质量的教师队伍，他们的工作是塑造人的一种特殊方式：作为学校教育的一部分，体育教育的发展有助于促进总体教育的持续发展，特别是在新的体育课程改革背景下，体育教师在培养学生全面发展的任务中承担了更多的责任，在培养学生健全的人格、锻炼学生的意志、增强学生的体质和使学生享受体育的乐趣等过程中有着无可替代的作用。

总之，体育教师是体育教育活动的组织者和主导者，是体育教育活动过程中重要的组成部分，当然也是体育教学活动过程中体育教学环境的组成部分，属于人文环境的一部分。随着人们对健康的重视，对体育的看法也随着社会的进步不断改变，体育教师在社会中的角色更为重要和关键。

体育教师在体育教学活动中的地位毋庸置疑，体育教师的一言一行都影响着青少年的健康成长，尤其对于尚未踏入社会的大学生而言，教师的行为举止对他们有很强的辐射作用。高校体育课堂中，这样的情况更加普遍，因为体育技术的教授大多需要教师做示范动作，学生来模仿学习，那么学生学习效果的好坏一方面取决于学生的学习能力；另一方面教师的示范动作是否正确也十分关键。除此之外，体育学习过程中，教师的引导会影响学生学习行为的规范性，例如在教授篮球防守技术时，主动性的防守和被动式的防守是完全不同的。总之，体育教师在体育教学活动中是极为关键的，其业务水平、道德水平都会影响到学生的学习和成长。

高水平的体育教育，需要具备高质量的体育教学环境，除此以外还必须有一支一流的或者职业发展水平很高的体育教师队伍。他们是体育教学环境的一个重要组成部分，是为体育教育创造适当环境的一个重要力量，因此必须继续提高他们的职业发展，承认他们在体育教育中的地位和作用。体育教师是影响体育课教学效率的最重要因素，是影响学生体育学习的主要环境因素，体育课的教学质量与他们的教育观念、专业素质、教学能力、教学水平和业务水平有着千丝万缕的联系。

（二）高校学生

体育教学过程中学生具有主体地位，学生的学习效果体现了教师工作的效果，反映出教学的质量。那么在体育教学活动的过程中，如何体现学生的主体地位，主导和主体的比例如何划分，具体而言是多讲还是多练，这是一个老生常谈的问题，也是令很多体育教师迷惑不解的问题。大学阶段的学生心智发展逐渐成熟，对待事物有了自己的观点，而且个性极强，主动学习的能力也很强。如果是简单的技术动作，完全可以交由学生自主学习，而复杂的动作，学习掌握起来有困难，需要教师多讲、多示范、多纠正。

在认知能力方面，就已知的目标而言，主体是指为了特定目的而从事认知和实践活动的人，它使人在主体的相互作用中了解主体的必要性，主体是人的固有属性，主体有能力就会采取行动自主创造。

总之，不同哲学学派对自然界中"人"的定义各有不同。一方面，认知理论界定了人的主观性质，倾向于动态或关系的理解，尽管这种理解过于狭窄，只涉及可持续发展的认知内容；另一方面，在活动理论中，人的主体的定义范围更广，因此可以说人的功能特征之一，就是表现和发展为主体，在所有活动中与他人发生互动。承认学生的主体身份，换言之，所有实际的体育教学活动中都表现出并发展了学生与体育教师、体育管理人员等特定人群的相互作用的功能特征。

1. 学生的主体性

由于学生是发展中的人，其主体特征尚未定型，但他们在某一特定时间里，如果让他们按确定的方向发展或成长，以一种规范的状态，自然就会形成他们自己的特点。

（1）学生的主体性直接取决于他们的身心发展情况，他（她）是由一个独立或半独立的实体在一定程度的监护、指导和管理下发挥有限作用的主体。在体育教学过程中，通过体育教师的教育和干预，使学生在参与体育运动的过程中，不但身体得到了锻炼，心理也得到了锤炼。

（2）对象性关系是学生主体性生成的基础，是一种"准社会"和间接性的关系。准社会也称拟社会或者类社会，其含义是人为塑造出的一种类似社会而不是真实社会的环境，常用于特殊人群如精神病患者等的康复领域。体育课的教学环境也具备一些准社会的特征，因为在这个环境内有主体、客体，有信息传递也有人际关系互动。间接性的含义指的是，知识从教师教授到学生接受并不是直接抵达的，而是通过教材、教具以及大脑思维的加工过程等介质实现的。

（3）学生的主体性特征，如学生学习过程中的主观能动性、自主性和创造性等。在一定空间内，这些特征是无法完全发挥的，而且与学生主体性的其他特征如模仿性、从众性等有着矛盾的一面。在上述这些矛盾转换之间，学生的主体性不断得到了发展。这主要表现在以下几方面。

第一，能动性与被动性的矛盾和转变。学生作为教育活动的主体，其特点是动态性和能动性，即在体育教学活动中，他们可以在教学目标上和动态学习过程中发挥积极作用；然而，作为被教育的对象（或受教育影响的主体），也受到目标的影响，因此，必然有一个被动的方面。需要关注的是，如何变被动性为能动性，并在体育教学中改变这些矛盾。在体育教学方面，增强学生的活力将有助于他们的动态发展、教育质量，例如，个人的主观行动能力可能受到学校具体条件的限制，或受集体体育行为的强度影响。在一定程度上，鼓励学生超越不利环境条件的限制，致力于提高他们的成绩，同时考虑到学生在体育教学中的能动性的特点。

因此，为了使学生更具活力，必须将社会需要转化为国家体育战略，满足学生在体育教学过程中的个人需要，或使学生适应社会发展的需要，以发展他们的基本体育能力。将社会需要纳入学生的个人需要中，学生们积极参与体育课堂，积极参与体育锻炼，这反过来又提高了他们的学习效率。总之，学生们的个人需要得到了满足后，在体育教学过程中，体育教师必须确保激励、保护和保障学生的能动性，积极推动学生的个性从被动、盲从到动态和有意识的转变。

第二，独立性和依赖性的矛盾和转变。任何事情都不能脱离周围的环境，也不能单独存在，学生也是如此，因为他们的身心发展和个性的特点决定了他们生活和学习中的事物或因素。学生是发展中的人，其自身也有一定程度的灵活性，而他们的自发性活动和自主要求是随着他们的学习和发展所产生的。所以，在体育教学活动过程中，教师应当给予学生足够的空间，善于利用他们的自主性功能。在适当的时候尊重、发挥学生的自主权，不断增强他们的自尊意识，提高其认识，逐步增强学生的自主权、控制权，使他们逐步从依赖性转变为独立性。因此，在体育教学中，必须努力解决这些矛盾之间的关系，并积极应对这些矛盾的发生和转变，这将有助于有效地开展体育教学。

第三，创造性与模仿性的矛盾和转变：创造是人的本质、独特性的最高表现。在人类文化传播的背景下，人们不断了解人类文明的成就，从一开始被视为模仿，而模仿是一种形式上的"进入"，但"进入"逐渐成为"输出"，即创造。在高校体育教学过程中，学生们学习体育运动技术、技能等，通过不断模仿，并根据体育运动技术和技能丰富程度，可能创造一种新的技术或技能。因此，在体育教学领域，学生必须努力"超越"自己的创造力。

第四，独特性和共同性的矛盾和转变。人是兼有自然属性和社会属性的一个单位，而这两种属性会在某种情况下影响人的相似性或统一性，但个人的独特性是受社会特性影响的。每一代人或社会的每一个成员都有着共同的需要，在个人的社会化过程中，所做的决定因其个人情况的不同而有所不同，个人的观念、意图等方面，即个人的社会化过程越来越明显，以其独特的形式创造了人类的独特性。

学习者在其自然属性和社会属性方面的差异使每个人都是一个独一无二的个体，一个活生生的人，一个充满无限多样性、可以创造无限可能的人，而不仅是理论上的人。个人可以依靠自己的独特性来确认自己的合法存在，其独特性在于其个性。它建立在社会所有成员共同点的基础上，同时丰富和发展社会所有成员的共同点，使教育需求和教育质量规格相统一，使独特性成为适应教育目标的基础。

总之，前述四种矛盾基本上是学生整体发展的动力，有了这几种激励因素，再加上教育的及时适度定向，冲突各方的矛盾能够得到缓和。

2. 影响学生发展的因素

在高校体育教学中，学生是教学活动的主体，而主体的行为影响主体的教学环境，因此，体育教学必须越来越注重学生的主体作用，主要受到学生的兴趣、态度、情感、意识等因素的影响，这些影响因素会对体育教师的工作以及体育教学活动的效果产生重要的作用。为了衡量教学的有效性，首先要重视学生自身的身心发展，而要想实现学生自身的发展，就应该具体分析影响学生发展的因素，具体如下。

（1）学生的基本特点。学生的基本特点包括不同年龄段的特点和不同个性的差异，是影响其学习行为的心理特征和社会特征。学生的年龄不同，认知发展水平也不同。在教学过程中，教师应当根据不同年龄段的学生制定不同的教学方案，并且要重视班内不同年龄的学生的个性差异，根据学生的基本特点因材施教。

（2）学生的初始能力。学生的初始能力是教育的起点，因此，如果不了解他们的初始能力，就很难引导教育。学生们如何利用所获得的经验，通过与外部世界的互动建立新的理解，这表明了学生初始能力的重要性。

学生的初始能力主要有学习知识和技能的初步能力以及学习态度。心理学的研究告诉我们，学生之前的学习经验会迁移到后续的学习过程之中。因此，教师在教学活动开始之前应当首先掌握学生现有的知识、技能和认知水平在什么位置，也就是找到教学的起点。学生的初始能力对体育教学有很大的影响，因此，体育教学需要了解学生的初始技能，并为之建立起更好的基础教育。

（3）学生的学习需要。需要和动机息息相关，有时候需要往往是引发动机的原因。在教学活动过程中，学生不断获得知识、学习技能、学习方法和个性培训，在教育过程中，获得知识是最基本和最重要的需要。学生获得的知识使他们能够创造自己的主观知识，并为技术培训、智力发展等奠定基础。因此，技能的需要体现在学生运用、转化和创新知识的能力，并以他们自己的能力为基础。通过知识解决学生的实际问题主要表现在智力发展的动态上，即学习的速度、学习的困难和学生在学习知识时所表现出的巩固程度。随着知识和技能的发展，个性是教育的主要目标，也是学生最重要的需要，学生的需要越迫切，他们学习的动力就越大，反之个性也会制约他们的发展和成长。

（4）学生的参与。如果没有学生的主动参与，教学活动就成了教师的独角戏，那么教师再努力、方法再新颖也不会有任何效果。学生的发展是一个漫长的过程，在这一过程中，将外部接收到的知识、经验内化，便是发展。主体的参与是外部活动内在化的一个先决条件，只有个人参与才能使外显行为得以内化。只有在自尊心、自信心和独立性不断提高的情况下，个人的自我肯定和发展才是"真正的学习"，因此，只有通过学生参与学习过程，才能培养和发展真正的学习。学习是教育存在的理由，但参与过程可以以不同的方式表现出来，通过参与信息、物质刺激和互动参与，即教师和学生参与教育，这种参与可以是消极，也可以是积极的。在体育教学方面，学生的积极参与是体育教师努力实现的一个理想条件和目标，所以，在体育教学中，学生积极参与自身发展的观念需要不断得到提倡。

四、高校体育教学环境的优化

（一）高校体育教学物质环境的优化

1. 高校体育教学物质环境的优化原则

体育教学物质环境的优劣影响体育教学效果的好坏。主要表现包括：体育教学物质环境是体育教师开展教学活动、设计体育课方案、采用体育教学方法、组织体育教学过程形式、选择体育教学内容、制定班级授课制度和学生参与态度等许多方面的影响因素。可见，体育教学物质环境对体育教学效果的影响是非常广泛的。

所以，科学、合理地优化现有的体育教学物质环境是非常有必要的。从体育教学物质环境构成因子出发，把握这些构成因子的范围和内容，找到优化体育教学物质环境的具体途径，才能做到有的放矢、扬长避短，发挥有利的因素，避免不利因素带来的影响，保障体育教学物质环境向着有利于体育教学活动的方向发展，也就找到了优化体育教学物质环境的途径。

想要找到构成体育教学物质环境的因素，并对其进行优化，在我国体育教学物质环境的现状的基础上，寻找到最佳的优化途径，首先树立一个明确的优化目标，确定体育教学物质环境优化的方向。所以，在体育教学物质环境的优化过程中，一般应当考虑到下述要求。

（1）体育教学物质环境的优化要与当地的政治、经济、文化的发展水平相符。体育运动的物质环境的建设或优化受到国家政治、经济和文化的影响，我国政治制度的变化导致了教育制度的相应变化，并对体育教育产生了影响。体育教育的经济基础在某种程度上决定了体现时代精神的体育教育的物质环境的质量。

第一，优化体育教育的物质环境必须以经济为基础，我国是一个发展中国家，尽管我国经济持续发展，但在经济实力方面远远落后于其他发达国家，这在很大程度上说明了教育资金短缺的原因。在国家财政资源有限或不存在的情况下，必须在经济基础上加强体育教育的物质环境。

第二，体育教学物质环境的优化要争取多渠道的经费来源。经济力量是限制我国体育教育物质发展的一个重要因素，我国教育经费主要来自中央政府和地方政府，如果政府能够提供足够资金，那么学校的建设就有了坚实的物质前提。例如高校体育场馆的建设，一般是国家专项资金支持下进行的，再结合属地的资金支持，也有社会支持或者与社会合作建设，在多方合作下才能建成。

第三，优化体育教育的物质环境是以实用性为基础的，实用性体现了体育教育的物质环境的主要价值观，考虑到我国在经济上起步较晚，以及缺乏适当的物质环境来促进体育教育，为了避免出现浪费体育教育资金的现象，依靠节省教育资源，避免了财政和物质资源的浪费，并优先重视体育教育和学习小组的作用。

第四，优化体育教育的物质环境必须与当地的地理特征密切相关，一是必须考虑把区域资源结合起来；二是我国幅员辽阔，地理上存在明显的差异，这种差异可以建设特色学校和有效利用地理资源，通过开发校本课程等途径，为学校提供特色化发展的方案。

（2）体育教学物质环境的优化方向要符合体育教学的要求。体育教学的要求首先要考虑的是师生安全问题，体育场馆的建设、体育设施的配备都要考虑安全第一的要求。由于体育教学的特殊性，对体育教学物质环境的要求极高，在安全的前提下还要有利于运动水平的发挥。

（3）体育教学物质环境的优化要符合健康需要。体育教学的物质环境主要面向体育教育、体育锻炼、体育娱乐，体育教学是要通过体育教育来促进大学生的身心健康发展，因此，体育教学物质环境的优化可以使得体育教学物质环境能符合体育教学之需，是发展体育教育的必要途径。体育教学活动的物质环境建设必须与学生的身心发展相适应，学生的健康状况只有在符合其身心发展特点的情况下才能得到改善，体育的物质环境是体育成功的主要保障。因此，在优化体育和学习的物质环境时，必须考虑到不同学生的身心健康发展之需，满足所有学生的体育学习需求。

（4）体育教学物质环境的优化要与该校的传统相符合。一个学校的传统文化和发展历史也在某种程度上影响着学校教育事业的发展，自然也影响体育教育的发展，而体育教育的发展反过来又可能影响体育教育的物质环境建设。因此，为体育教育营造一个良好的物质环境只会有助于促进体育教育。二者与学校的历史和传统文化的发展相结合，才能得到更好的发展。

2. 高校体育教学物质环境的优化路径

（1）积极营造良好的体育氛围。"为了保证体育教育的环境质量，除了要完善相关教学设施设备外，还需要注重体育教学氛围的创建。①"高校中的体育氛围，包括课外体育活动和学校活动空间，以体现学校的体育教学和文化精神。高质量的学校文化有效地帮助学生发展正确的价值观、态度和体育信仰，这对他们学习的方向、动机、行为和效率产生了更大的影响。

（2）进一步丰富体育教学内容。学校的体育教育不只针对少数有个性的学生，这就要求体育教育为学生提供广泛的体育活动，使他们能够充分发展自己的个性。为满足学生的个人需要，充分考虑到他们的兴趣、文化和项目水平。

（3）优化体育课程资源。学校应充分利用学校内外的体育设施，最大限度地利用有限的物质和财政资源，侧重于调整和开发现有体育方案的资源，开展家庭体育、社区体育和高校体育活动。

（4）重视体育教学物质环境的合理布局。体育教学环境的组成部分在物质、制度、人文三方面都很复杂，包括有形、半显性和无形三方面，只有协调这些组成部分，才能使体育教学环境充分发挥其积极作用。这就要求，体育教学环境的物质建设和美化应符合学生身心发展的特点和教学方式，并应符合教育学的基本原则，以及作为科学管理的一部分，它们有助于使体育教学环境成为形成健康身体和健康人格的统一整体。

（5）构建家庭、学校、社会一体的体育教育联动机制。体育教育沿袭着一所学校多年办学形成的体育传统和体育文化，社会是体育运动的外

---

① 李丽. 我国普通高校体育教学环境研究［J］. 当代体育科技，2021，11（28）：90-92.

部环境，家庭体育是终身体育的基础，高校体育文化和传统受到社会体育文化和传统的影响。文化的可利用性，只有结合社会、家庭、学校才能取得最大的总体利益。

（6）加大投入优化体育教学物质环境的经费。学校的体育教学物质环境，由于学校的性质、地区经济等，体育教学的实际环境不同，不可避免地导致体育教学的物质环境不同。然而，优化体育教学的物质环境的最重要因素是资金，资金是优化体育教学物质环境的一个前提条件。我国是一个发展中国家，我国的经济在某种程度上得到了发展，而且每年都在增长。体育经费的分配不可避免地导致体育教学的物质环境的差异，因此，第一个考虑因素是加大资金投入，以改变国内体育教学的实际环境，优化教学的物质环境。

第一，为支持高等学校的发展以优化体育教学的物质环境而筹措资金，要有广泛的教育资源募集途径，以保证高等教育的持续健康发展。高等教育投资属于回报较慢的投资，教育从来都不是急功近利的事，因此对于教育的投资必须要有长远的眼光和功成不必在我的魄力。一旦提到经费问题，首先是，优化体育教学物质环境的途径，即解决经费不足的问题，以多种资金筹措方式来促进体育教学物质环境的优化；其次是，提高体育经费在教育经费中的占比率，把体育事业摆到突出发展的地位；最后是，从体育和教育两个系统内进行合理的资源配置，避免浪费。

第二，面对经费不足的现状，对经费的使用进行合理的优化也是优化体育教学物质环境的重要举措。鉴于我国教育资金严重短缺，有必要改变分配教育资金的方式。根据优化体育教学环境的原则，加大对高等教育的投资和资源投入，并努力扩大资金来源，以促进高等教育的发展。目前对投资体系的改革正在扩大。为在学校建立体育教学物质环境提供资金，以满足体育活动顺利开展所需的物质条件。国家对教育的资助是各学校的主要资金来源，但目前还不足以满足在学校中为体育教育创造完善物质环境的需要。为了教育目的，必须找到适当的资金来源，为体育教学创造适当的物质环境，以支持体育教学物质环境的优化。

体育教学物质环境的优化就是通过调整、整合、配置各类体育教学的物质资源，打造坚实的体育教学物质基础，物质基础出了问题会导致体育场地、器材、设施的缺乏，就会导致体育教学活动无法顺利进行。体育教学物质环境的构筑需要体育教师、体育管理人员、体育服务人员、学生、家长各个方面积极参与配合，众人合力的情况下可以缓解体育教学物质缺乏的情况。

体育教学环境内各类人的因素具有主观能动性,环境中的人通过不断改造自己周围的环境以达到适宜自己生存和发展的目的。当代学生有着丰富的想象力,在体育教师的引导下,能发挥出超出想象的创造力,他们是完全有能力,而且也有义务和老师一起改善体育教学物质环境,所以,充分发挥体育教师和学生的主动性,积极对体育教学物质环境进行改造,是对体育教学物质环境进行优化有效途径。

采购体育教育材料要本着优化体育教学环境、合理使用教育经费的前提。我国体育教育资金有限,必然限制了我国体育教学环境的优化。资金短缺影响到教育设施的购置。体育场地、体育器材、体育设施等不合理利用和维护,在一定程度上妨碍了体育教学环境的优化,体育场地、体育器材、体育设施的合理使用与维护是可持续发展体育教学物质环境的基础。充分认识到体育场地、体育器材、体育设施这些体育教学物质环境的价值,才能实现体育教学环境的良性循环。

(二)高校体育教学制度环境的优化

1. 高校体育教学制度环境的优化原则

体育管理必须建立法律条文,以规范高校体育发展方向和行为,并促进政策的落实和执行,实现体育政策和法规的效力。学校领域给予教育和体育同样的重视程度,并且必须同步推进我国学校教育和体育领域法律法规体系的建设,才能使得体育教育事业与其他事业的法治化进程同步发展。

因此,加快我国体育政策文书的合法化,不仅有助于突出政府体育发展部门政策文书的有效性和地位,而且有助于提高政府体育发展部门政策文书的有效性和地位。此外,这将是我国实现法治总体目标的一个重要组成部分,这一目标在理论和实践上都具有重大意义,从激励措施多样化的角度来看,高校体育政策长期以来一直是我国的一个重要组成部分。

基于此,可以探讨是否可能建立补贴、奖励和优惠机制,以促进我国高校的体育发展,并为此提供赠款、奖励和优惠机制,用以指导我国体育发展,以便调动资源和作出贡献。或以有意义的方式促进体育的健康有序发展。例如,可以在地方政府的监督下,制订详细的补贴方案和计划,以促进校内外的体育活动。制订体育教育补贴计划,由政府、企业、社区、学校和家庭提供一些经济上的补贴,用来支持在课内外开展体育活动;从奖励的角度来看，可以为学校、社区制定物质奖励方案。对于课内外促进体育发展的体育俱乐部或个人进行经济上的补贴或奖励，目的在于改变我国长期以来形成的单一体育投入机制，以提高激励措施的实际效力，并产生示范性结果。

我国可以考虑根据国家的经济和社会发展水平制定财政刺激措施，以便通过财政刺激措施调动社会资源，参与体育发展。高校体育政策中缺乏能力建设工具，长期以来一直是我国学校发展体育运动的主要制约因素之一。一些发达国家的高校的体育教学优势主要表现在场地设施建设、教师学历教育、教师职后培训以及在高校内外建立体育俱乐部方面。在美国、德国和法国，学校、社区及体育俱乐部的体育设施大都是由国家出资建设的，并免费或者低收费提供给居民使用，而且配备了相应的教练或教师为锻炼者提供相应的指导。国外的社区体育大都由非营利组织进行运营，通过各类慈善基金、体育彩票等筹资方式，设立锻炼场所、体育教师培训中心等。在高校内外建立体育俱乐部方面，采取了各种政策措施来鼓励和支持体育运动的发展，发达国家高校体育政策能力建设工具的重点是提供体育运动的机会。西方发达国家把体育环境建设、指导教师资格培训以及学校和社区体育俱乐部的建设作为高校体育政策能力工具的重点。

因此，我国各级政府应把青少年的体育工作作为首要发展的事业，把青少年健康问题放到一个突出发展的位置上来，以期加速支持建设社区和小型体育设施以及政治一级的体育俱乐部。在经济和法律方面，以便提供一个强有力的能力建设工具，扭转我国青年人的身体健康状况，同时加快建立简单、免费的社区体育设施和体育俱乐部，增加体育教师的供应。

在短期内，可以通过改善体育教师的待遇、优先培训、优先晋升、破格录用或升迁调职等多种途径充实、提高高校体育教师队伍教育水平，夯实教师教育基础，培养一批优秀的体育教育人才。

因此，今后在我国学校中发展体育政策方面的能力建设工具的主要目标可以被视为增加可用性。据此可以认为，进一步抓好高校体育制度环境建设和体育教师队伍的建设，成为今后我国体育政策能力工具建设的重点目标。

2. 高校体育教学制度环境的优化路径

在学校中全面执行体育政策，在全国学校中推广体育运动并取得预期成果，迫切需要中国社会各阶层的广泛接受和支持。如果高校体育政策得到中国文化和社会的广泛认可和心理支持，就会产生理想的效果。因此，中国体育政策发展的根本途径可以被看作是制定新的信仰、社会、文化和心理支持措施。在学校开展体育教育，这对于中国体育政策在未来产生预期影响至关重要。

（1）形成广泛的社会认同。在发达国家，高校体育得到了政府、社会和家庭的广泛认同，在政府方面有一种共识，即高校体育有助于提高儿童的成绩、促进健康、提高竞争力和减少公共开支。

在学校发展体育运动的过程中，联合国发布了一系列基本教育指导方针和方案，强调高校体育运动对儿童的重要性，包括环境政策和体育活动计划。在社会方面，发达国家的非政府组织在政府资助下，承担了在学校促进体育运动的重大责任，从而形成了非政府组织促进体育运动和体育教育的局面。

发达的社会环境可以为体育运动提供了便利，政府、社会和家庭在学校积极促进体育运动，为社会创造了更有利的环境。因此，政府、社会和家庭的支持可被视为高校体育活动取得成功的关键，与学校的社会环境和体育管理做法形成对照，在政府方面，学校中的体育活动得到了高度重视和关注。

要让我国的高校体育政策与体育工作取得实效，必须重塑现行的高校体育政策与其他相关的教育政策。只有从政策上彻底改变应试教育的导向，真正贯彻国家教育方针与落实素质教育，才能实现我国体育政策与体育工作的预期效果。

（2）促进广泛的文化认同。西方发达国家的鼓励竞争、崇尚英雄的体育文化环境有利于青年人参加体育锻炼，且认为青年人经常参加体育锻炼有助于他们的心理健康，减少压力、避免焦虑和抑郁的发生，提高他们的身体发育能力。

（3）构建广泛的心理认同。要促进我国的高校体育政策取得实效，需要进一步形塑人们普遍能够从心理上认同与接受体育正当性价值的新举措。从心理层面形塑人们认同体育正当性价值的政策，实际上就是在体育与社会实践中，制定促进人们信仰体育的政策文件。

对于我国而言，正处在体育大国向体育强国迈进的路上，尤其是在精神层面对体育信仰的后发，急需从政策上对其进行调适与形塑，以促进我国高校体育政策的落地生根。特别是在精神领域，迫切需要调整和改革其政策，以帮助巩固学校的体育政策。为了推动我国高校体育政策与高校体育工作的落地生根，以取得预期的效果，在国家综合的政策层面，今后可以从精神、信念以及信仰三个层面形塑人们对体育的认同与热爱，并形成生活化的体育观。在精神方面，我们的目标是在政治上确认体育的合法性价值；信念方面，在认识到体育的合法性的基础上，使人们能够有意识地开展体育活动；信仰方面，我们的目标是使体育运动的合法性得到确认。

有意识地从事体育活动的人成为热爱体育的人，教育的概念逐渐发展成为体育生活的概念，这也可以被解释为学校的体育政策和体育工作。只有当国家在综合政策一级确立国家价值观，使学校的体育运动在精神、信仰各级具有合法性，使体育成为以生命为基础的概念，这些价值观才能扎根，从而产生预期的实际结果。根据这一分析，可以认为，进一步结束高校体育政策的消极状况和质量低下的根本途径是提高人们在高校体育方面的文化、社会和科学特性，这是朝着正确方向迈出的重要一步。

因此，只有当人们在文化、社会和心理层面真正认识到体育在学校中的合法性价值时，高校体育政策的作用才会逐渐显现出来。在高校体育运动方面，社会认同是确保高校体育政策有效性的一个因素。文化是社会发展和维持的精神基础，而高校体育政策作为一种手段，只有在学校中真正接受和从事文化层面的体育活动，才能产生人们所期望的效果。

在社会实践中，需要人们认同高校体育的发展，并根据文化意识真正开展体育运动，事实上，学校中体育"无用"的文化和有效的社会实践进一步限制了高校体育政策的执行。

因此，没有文化特性，社会特性就难以实现，法律特性也就毫无意义，只有文化特性和社会特性才能促进高校体育的法律特性，从而促进高校体育的文化、社会和法律特性形成。只有在广泛的社会实践和对体育的信念的基础上执行高校体育政策，其效力才能得到实现。而体育政策效益递增之时，则是我国体育工作做好与青少年体质健康扭转之时。

（三）高校体育教学人文环境的优化

1. 高校体育教学人文环境的优化原则

体育教学人文环境比较特殊，因为它有一些看不见的特点，但它对高校体育教学活动的顺利开展以及学生身心健康成长有着重要作用。

（1）好的体育教学人文环境保证了高校体育教学工作的顺利开展。

（2）好的体育教学人文环境是高校学生树立正确的人生观、价值观和世界观的主要方式。

（3）好的体育教学人文环境有助于发挥高校体育教学物质环境的功能。

所以，良好的体育教学环境的作用可以体现在多个角度，这些作用的成功在很大程度上取决于体育教学人文环境的设计和优化。当然，体育教学人文环境的优化事实上是在普遍客观条件允许的范围内，根据对体育教学人文环境的广泛了解，提出一条建设环境的未来道路。由于这项优化方案总的来说是面向未来的，因此必须更先进一些，换言之，要有超前意识。优化体育教学人文环境的主要目标是创造一个更加注重实际效果的教学环境。

2. 高校体育教学人文环境的优化路径

（1）注重体育精神的培养。体育运动的最高层次是培养体育精神，体育精神包括诸如公平竞争、正直诚实和团结协作等道德要素，并成为个人意志的一个组成部分。体育运动的宗旨是促进和保护所有人的体育权利。

（2）优化体育课堂教学模式。体育教学人文环境是一种与众不同的环境，它将体育知识、体育价值观、体育行为守则、体育道德、体育心理学和"学习之风"与教育班参与者的"教育之风"结合起来。其目标是创造一个和谐的人文环境，让学生学会运动和体育锻炼，能够成为有理想、有规范、充满爱国精神和适应体育的创新者。

第一，树立"以人为本"的体育教学观。体育教学是一项涉及体育教师和学生的双边活动，为了真正实现体育教学的目标，必须以体育为基础，不仅要符合一般的教育标准，而且要符合体育教学的特殊需要。在体育教学组织过程中，应该既考虑到所有学生的利益，又考虑到学生的个人差异，因为学生的学习兼具个人行为和组织行为两个特征。对于教学内容的选择和改造，必须考虑到每个学生的接受水平，考虑到所有学生接受体育教育的权利。每个学生都有意愿主动积极地参与进去。这里提倡的是一种行为方式，使学生能够在参加体育活动时充分了解体育运动以及建立体育价值观和相关标准。

第二，构筑合理的课堂教学知识结构。培养学生创造性能力可以通过课堂体育教学这一主阵地，合理有效的体育课堂教学可以使学生掌握基本的体育知识、技能，养成良好的体育行为习惯和较好的体育意识，通过体育课堂学习和体育实践，还有利于促进学生身体素质的提高，增进对体育学科的了解，塑造良好的意志品质，形成正确的体育价值观等。

第三，构建突出学生能力评价的考评体系。建立突出学生能力评价的考评体系，即学生体育能力评估制度，是优化体育教学人文环境的重要手段，该制度强调能力评估的内容、方法和形式，这一制度通过将数量和质量评估结合起来，改善和优化传统学生能力评估的方式。

（3）创设和谐的人际关系。体育教师与学生之间的和谐关系是开展良好教学活动的一个必要条件。体育教师与学生之间的和谐关系不仅是体育教育改革的重要保障，也是创造体育教学人文环境的一个关键。

从以上可以看出，体育教学需要超越传统观念，发展"以人为本"的教学哲学，提高教育质量，培养学生的体育精神，精简教学内容，改革体育教学方法，使之成为一个以人为本的整体。体育教育的重点是尊重学生的个性发展，建立和谐的人际关系，充分发挥现代体育教育增强体质、锤炼意志和享受乐趣的功能，为体育教学创造一个有利于学生身心同步发展的人文环境。

第二章 现代高校体育教学工作组织与管理

第一节 高校体育教学工作组织与管理概述

一、高校体育教学工作组织与管理的基本原理

（一）人本原理

1. 人本原理概述

人本原理注重人的积极性的调动，在体育教学组织与管理中，应注重以人为本；在管理过程中，注重人的各方面需要的满足，促进人的全面发展。高校体育教学改革要充分体现人本主义观念，即以人为本，要对每一个学生的需求都表示足够的尊重，要对学生的兴趣和动机选择给予充分满足，并实施分层教学。具体要以学生运动技能能力的个体差异为依据进行，鼓励学生坚持学习自己感兴趣的体育课程，对学生的体育潜能不断挖掘，从而不断实现更高的体育教学目标。在管理系统中，人是管理活动的核心，各项管理手段的运用最终会作用于人，通过人来发挥其相应的作用，因此，在体育教学中，应注重人的能动性的发挥。

2. 人本原理应用

在高校体育教学的组织与管理系统中，人本管理原理的应用就是研究和解决如何体现以人为本的思想，使人性得到最完善的发展的问题，具体来说，人本原理在高校体育教学组织与管理中的应用主要通过以下管理原则表现出来。

（1）行为原则。行为是人们思想、感情、动机、思维能力等因素的综合反映和外在表现，意识是人们的内在行为，动作是人们的外在行为，人的动机支配着人的行为，而人的需要又决定着人的动机。行为原则，就是对人的需要与动机进行了解，以人的行为规律为根据来进行管理，对行为原则进行贯彻，必须对人的心理反应进行了解，使人的动机得到激发，以使人的心理适应性得到提高。

（2）动力原则。在高校体育教学组织与管理中，应运用各种动力，激发学生进行体育的学习，没有强有力的动力，其他原理、原则的效能就会受到制约，人的积极性就难以发挥，如果有了动力，要是运用不当，也会影响系统的功效，动力有很多种，包括精神上的和物质上的。所谓物质方面的动力，就是指奖学金，通过发放奖学金来激励学生进行学习；精神动力则是指运用精神的力量来激发人的积极性，保持对学生的尊重和关心，帮助其建立远大的理想等。

（二）系统原理

1. 系统原理概述

系统原理的重要理论基础是整体效应观点，所谓的系统原理就是通过对系统理论的运用，细致地系统分析管理对象，从而使现代科学管理的优化目标得以实现，因为新的有机整体的形成是系统各要素合理的排列组合的结果，伴随着新整体的构成，新的功能、特性和行为等得以出现，即具备了各要素在孤立状态下所没有的性质，产生了放大的功能，即产生了 $1+1>2$ 的效果，因此系统的整体功能之和可以大于各要素在孤立状态之和，且功能的放大程度与系统的规模成正比，即系统规模越大，结构越复杂，系统功能就可能越大。

2. 系统原理应用

系统原理要求管理者在高校体育教学组织与管理中必须遵循以下管理原则，以促进高校体育教学组织与管理工作的顺利、高效完成。

（1）整—分—合原则。整—分—合原则可以简单地概括为整体把握、科学分解、组织综合。遵循整—分—合原则要求管理者应做到以下方面：

第一，树立整体观点。扩大整体效应，实现整体目标是最终目的，但其大前提是整体观点。

第二，正确分解，要明确分解的对象。分解不是对管理功能的分解，而是对管理工作的分解，分解要围绕着目标进行，管理功能要求人、财、物等要素统一，其中任何一个要素被肢解，都会导致管理的无法进行，因此必须抓住分解这一关键。

第三，重视分工与协作。分工是非常重要的，但它不是目的，还必须进行强有力的组织管理，使各环节同步协调，有计划按比例地综合平衡，既分工又协作才能提高功效，分工要搞好，协作也要搞好，这是对整—分—合原则进行贯彻的要求。

（2）相对封闭原则。相对封闭原则是指任何一个系统内的管理手段必须形成一个由连续的相对封闭的回路构成的完整的管理系统，进而才能形成有效的管理运动。一般来说，管理系统存在着两大基本方面的关系：① 本系统内部各要素之间的关系；② 它与外部相关系统之间的关系。高校体育教学组织与管理系统内部形成有效的管理运动，必须使系统内的管理手段、措施构成一个连续的封闭回路，不封闭的管理，即使某个环节管理得再好，也不能保证管理系统内的正常运转，无法实现高校体育教学组织与管理系统的整体效应。

（三）动态原理

1. 动态原理概述

动态原理是对管理对象的变化情况进行及时把握，对各个环节进行不断调节，以使整体目标得以实现的规律概括。任何一个管理目标的实现都是不容易的，因为人、财、物、时间、信息等管理对象是不断变化的，处在不断发展的过程中，随着管理对象的变化，计划、组织、控制、协调等各个环节也必须相应地进行变化，以对管理对象的变化进行动态地适应，从而使管理目标的实现得到保证。

2. 动态原理应用

动态原理在高校体育教学组织与管理中的应用主要通过以下管理原则表现出来。

（1）保持弹性原则。管理系统受多种因素的影响，各因素之间的关系也具有复杂性，在管理中对所有问题的各种细节进行正确把握是很困难的，因此在管理过程中必须留有余地，保持一定的弹性，以适应客观事物各种可能的变化，保证管理活动的正常进行，这就是弹性原则。

在管理中如果弹性较小，其原则性就较强，适应能力就相对较弱；如果弹性较大，其适应能力就较强，适应环境就较快。因此，弹性大小的确定没有一个绝对的标准，要以不同的管理层次要求、不同的管理对象和不同的管理目标为主要根据，一般来说，管理弹性可以分为局部弹性和整体弹性，也可以分为消极弹性和积极弹性。在高校体育教学组织与管理实践中，既要注意局部弹性，又要注意整体弹性，要采取遇事多一手的积极弹性，避免遇事留一手的消极弹性。

（2）重视反馈原则。系统把信息输送出去，又将其作用结果返送回来，并对信息的再输出起到调节控制的作用就是反馈原则，重视通过反馈来控制管理过程具体是指通过信息的反馈，对管理者未来行为进行控制，使行为不断逼近管理目标的过程，只有通过不断的反馈，才能促成管理目标的实现。

（四）竞争原理

在高校体育教学组织与管理过程中，应用竞争原理应注意以下问题：

第一，竞争的同时应相互交流、提高。竞争原理强调竞争过程中的互相交流和共同提高，增进参与人员之间的友谊、团结与合作，并培养其团队精神是任何体育竞争的行为的目的。

第二，评价或制裁要公平、公正。竞争和评价、制裁是同时存在的，评价或制裁的标准应采用定性和定量相结合的方法，尽量采用定量，标准要做到公平、公正，只有这样才能保持竞争的良性循环。

二、高校体育教学工作组织与管理的具体内容

（一）体育教学的过程管理

体育教学组织与管理的目的在于提高教学质量，保证体育教学目标的实现，合理的体育教学组织与管理有利于教学秩序的稳定和教学质量的提高，体育教学组织与管理主要包括以下几方面。

1. 体育教学计划的组织与管理

体育教学计划是体育教师根据相应的体育教学文件以及高校的体育教学工作而制定的准确的体育教学文件。高校的体育教学计划是教师开展各项教学活动的重要依据，一般对其管理包括：① 对制订体育教学计划的管理；② 对实施体育教学计划的监督和调控；③ 对体育教学计划的执行状

况进行考评。

2. 体育课堂教学的管理

体育课堂教学中，教学组织形态的选择对教学效果具有重要的影响，良好的体育教学组织形态能够促进学生的人际交流，激发学生的学习心理，并符合教材的特性。各项体育教学活动多是以课堂教学的形式开展起来的，课堂教学是体育教学工作的重要组织形式，对体育课堂教学的管理是高校体育教学组织与管理的中心环节，对其管理的主要内容如下。

（1）确定班级形式。在体育教学过程中，班级是其基本组织形式，各项体育教学活动都是以班级为单位而开展的，编班和班额对于保证体育课的教学质量具有十分重要的作用。编班方式应根据高校的体育设施条件和师资力量情况进行，还可采用俱乐部教学形式，还应根据具体的项目特点来确定班额，体育教学的班级编制多种多样，可把一个年级的学生班制为若干个班级，也可将两个班级编制为一个复合式班级。另外，可根据学生的运动水平、运动兴趣以及性别等标准来划分班级。

（2）编制教学课表。编制教学课表对提高教学质量和教学效果具有重要的意义，在编制教学课表时，应注意体育课之间的时间间隔，并合理分配相应的场地和器材。在教学实践过程中，为了弥补教学场地和器材的不足，可将同一进度的班级分别排到不同的时间进行相应的教学活动。

（3）制定课堂常规。课堂常规是体育教学组织与管理的重要依据，对于师生的教学活动具有一定的约束和规范的作用，良好、规范的课堂常规有助于形成良好的课堂教学秩序，对于教学活动的开展以及学生良好的思想品德的形成等都具有良好的促进作用，课堂常规是多方面的，包括道德常规、秩序常规、人际常规、安全常规和学习常规等内容。

第一，制定规章制度是体育课堂教学组织与管理的重要手段，对体育课堂纪律的维持具有重要的作用，它可以维护体育教学的和谐关系，也可以保证体育场地器材的正确使用，并为每个人提供了体育教学日常的行为规范。

第二，规章制度的合理制定是前提，严格执行是根本。这就要求规章制度在制定完成后不能只是应付检查的一本资料，更重要的是要将制度中规定的要求在课堂教学中严格对照实行，所以，在制定规章制度时，应特别注意的要求包括：① 规章制度应具有合理性。在制定规章制度时要考虑到学生的年龄和能力，要能被学生所理解和接受，在体育课中，安全制度的制定是非常最重要的。② 规章制度应具有可实施性。制定的规章制度必须是可操作的，能够贯彻和执行的。③ 规章制度应具有一致性。体育教学中的每项规定必须明确，如无论什么季节，不许戴帽子上课。④ 制定的规章制度要力求简洁明了。规章制度不能模棱两可，而应该清楚地说明做什么，该如何做。

（4）维护课堂秩序。

第一，体育课应建立明确的规范和学习常规。为保证体育课堂教学的有效性，体育教师应该给学生建立一个明确的规范和学习常规，体育教学常规必须要符合学生和高校的实际，并具有教育性。

第二，学生应严格遵守课堂常规。体育规章制度制定后，学生应严格遵守教师制定的课堂常规，体育教师应注意不能意气用事，而应根据规范采取行动；在体育课堂上，体育教师应合理使用指导与指令，能够明确地指导学生应该做什么，不应该做什么；体育教师能够清晰准确地为学生提供体育学习的具体目标、内容、方法等方面的信息。使学生对学习什么、如何学习等都有一个较为清楚的认识和了解。

第三，体育教师应慎用和巧用批评方式与惩罚手段。在体育教学中，批评和惩罚手段具有一定促进学生学习和加强体育课堂组织与管理的作用，但对于这种手段还是要谨慎使用，主要仍应以鼓励、教育为主，如实在必要，合理地妙用批评、惩罚手段可以使教师迅速制止学生在体育课堂中出现的不良行为，能够及时准确地发现学生在课堂上出现问题的原因，并能使这些问题在升级之前的萌芽状态时能够得以解决。

（5）体育课成绩的管理。在对体育课的成绩进行管理时，体育教师应对体育成绩的考核形成正确的认识，将相应的考核作为提高教学效果的重要手段，并制定科学、合理的考核体系，对学生的学习进行客观的考核，在考核中应重视学生平时学习态度的评价；处理好病伤学生的缓考与补考以及残疾学生的免考；做好及时登记、计算、汇报成绩等方面的工作；为改进考核内容、标准、办法提出意见或建议。

3. 体育教学质量评估

在对教学质量进行评估时，应根据一定的质量标准对体育教学的质量及其优劣进行评价。通过对教学质量和教学效果进行评估，有助于体育教学的管理者更加科学、全面地了解体育教学工作开展的实际状况，对于教学质量的提升并为相应的方针政策的制定提供科学合理的依据，针对体育教学质量进行的评估是多方面的，具体可分为领导评估、专家评估、校际评估、自我评估和受教育者评估等多种类型。

4. 意外伤害事故管理

在现代体育教学实践中建立风险处理机制，能使体育教学始终保证在安全的基础上进行，高校应根据风险可能发生的概率和严重程度做出不同程度的判断，建立可靠的风险处理机制，将可能发生风险的因素降到最低。如果风险发生，那么将要在第一时间把事件的负面影响降至最低，防止事态的进一步升级，以保证体育教学的顺利有序进行。一般来说，风险由客观事物和人为主体构成，具体如下。

（1）客观事物构成的风险，这主要是指体育教学周边环境所带来安全隐患的风险。例如，在每堂体育课程开始之前，体育教师、场地或器材的管理人员要对所用器材进行全方位的检查，如篮球架是否牢固、单双杠是否结实、场地周边是否有障碍物或利器等。

（2）人为主体构成的风险，这主要是指由于学生安全意识不强、身体状况不适、对于所学运动技能的掌握不扎实等导致的运动中出现错误动作而引发受伤等安全隐患的风险。例如，学生在体操课上练习倒立动作，由于没有掌握正确的保护动作而使颈部着地，造成严重的颈部伤病，或在足球运动中运用不正确的铲球动作导致手腿部损伤等。

在对人为伤害进行管理时，应强化预防为主，安全第一的思想意识，在此基础上采取各种有效措施，确保将各种安全事故的发生率降到最低。另外，在相应的事故发生时，还应做好意外伤害事故的现场处理及管理，和其他学科的教学内容不同，体育教学的主要授课内容几乎全部是以身体运动为主，因此，在体育教学过程中，应加强对学生的安全管理，对学生的每一种行为都要严格观察，随时排除风险隐患。

（二）体育教学的课程管理

我国的体育课程管理实施三级管理体制，即国家、地区和高校三级管理，在三级管理体制下，不仅有助于国家对体育教学工作的宏观筹划和管理指导，还能够更好地发挥地方和高校的自主性、积极性和灵活性。

1. 国家对体育课程的管理

国家对体育课程教学的管理表现为：教育部对体育教学的基础教学课程进行规划，确定相应的课程内容标准，并制定相应的课程管理政策。具体而言，教育部制定的《体育与健康课程标准》对课程的内容提出了总体的要求，但是并没有做出明确的、具体的要求，这给地方和高校留下了可供选择的空间。

2. 地方对体育课程的管理

地方一级管理部门对体育课程的管理如下。

（1）地方教育行政部门以国家课程管理政策和本地实际情况为依据，制定本省（自治区、直辖市）课程计划和标准。

（2）地方教育行政部门根据《体育与健康课程标准》与本地区的具体情况，制定出本地区的课程实施方案，报教育部备案，并在本地高校中组织实施。

3. 高校对体育课程的管理

高校根据国家相应的体育教学的规定以及地方的要求，结合本校教学水平以及学生的实际情况来确定相应的体育教学的内容，合理开发和选择多种体育教学的课程。高校对体育教学课程的管理内容为：学校根据上级的课程方案，结合本校实际，选编符合本校的体育课程教学方案并组织实施。

（三）体育教学的信息管理

教学信息的管理要求教学得到高质量的评价，并且能够得到相应的反馈，应在充分发挥学生的主体地位的基础上，优化信息传播的结构，使得教学信息能够快速得到传递，并且能够及时得到反馈，师生之间形成良好的协调配合，因此，在体育教学中，应注重教学信息的科学管理。

在课程的开始部分，教师首先应简明扼要地向学生说明本次课的基本任务，并根据课程目标来安排相应的准备活动；在课程的基本部分，尤其是基本部分的前半段，教师的讲解较为重要；在课程的后半部分，讲解要有针对性，练习较为重要；在课程的结束部分，教师对学生进行相应的点评。

（四）学生体质与健康管理

增强学生的体质和健康是高校体育教学的重要任务之一，对学生的体质与健康管理的基本要求有如下方面。

1. 建立健全组织机构

高校应建立健全学生体质与健康检测的组织机构，定期对学生的体质健康状况进行检测，并将其纳入具体的体育工作计划之中，一般对学生的体质健康状况进行检查的内容包括：学生的身体形态、发育状况、生理机能，以及身体素质与运动能力水平。

2. 建立各项管理制度

对学生体质健康状况进行管理，应建立相应的学生健康管理制度和伤残、体弱学生的体育活动管理制度，切实增强学生的体质和健康水平。在体育教学过程中，应严格按照相应的管理制度开展相应的活动，另外，还应建立学生健康档案，进行编写、登记，便于随时查阅。

3. 加强对学生健康教育

加强学生体质与健康方面的宣传和教育工作，如卫生与生活习惯教育、心理卫生教育、性教育等，通过丰富多彩的形式进行健康教育，吸引学生参与其中。

4. 开展检查评估

要对学生的体质与健康状况进行经常性的检查与评估，并进行深入的分析和研究，针对研究的结果开展相应的宣传教育，并制定有针对性的措施，改善和增强学生的体质健康水平。

（五）运动负荷的组织与管理

体能与身体健康状况具有重要的关系。在体育教学过程中，可通过各种体育游戏、身体素质练习以及技能练习等来促进学生体能的发展，通过对人体施加一定的运动负荷，能够促进人体的适应性改变，从而促进人体体能的增强，体能的发展并不是一朝一夕能够完成的，需要学生积极主动地进行锻炼。

体育教师应调动学生参与体育运动的积极性，组织学生进行身体锻炼，使得学生在承受相应的运动负荷的同时，真正体验到运动的乐趣；应根据学生的具体情况，选择合适的练习内容，确定符合学生生理状况的运动负荷，促进学生体能素质的发展。

三、高校体育教学工作组织与管理的基本要求

（一）明确体育教学的目标

1. 为学生制定明确目标

在体育教学中，一旦学生确立了目标，就会更加主动地去实现它，这会激起学生强烈的学习动机，因此，为学生制定明确的学习目标对提高学生学习的积极能动性是至关重要的。

2. 确保目标的实现

体育教师在制定学习目标时，应确保目标能够实现，并使学生相信目标是可以达到的。虽然不一定很容易就能达到目的，但是学生应该有机会和潜力实现，相反，如果目标太容易，没有什么挑战性，目标对学生的激励作用就大大减小。

3. 为目标制定具体的步骤

在制定学习目标时，体育教师要帮助学生为目标制定小的、可以实现的具体步骤，长期的目标需要被分成一系列更小的短期目标，每个小目标的实现可以被看作是学生向整体目标迈进的一步，当目标被划分为可以完成的小目标时，似乎更容易达到。

4. 为目标制定切合实际的实现时间

体育教师在设置实现目标的具体时间时，要以能促进体育教师和学生进行计划和组织为标准进行设置，实现时间也可以被看作成功地实现短期和长期目标的参考，同时是评价学生是否按时实现目标的标准之一。

5. 为实现目标做好详细记录

在实现目标的过程中，应对实现目标做好详细的记录。这样可以使目标更清楚易懂，易于让学生对目标进行组织、安排，这样做有利于学生将目标内化，成为其主观意识，这一目标应该贴在学生能够看到的地方（在保证安全的情况下），并将已实现的短期目标划掉，这样做会收到意想不到的教学效果。

（二）促进学生自我认识能力的培养

培养学生正确认识自我的能力是激发学生取得成功的关键，体育教师

应提高学生的自我期待值，学生自我期待值的提高有利于促进学生体育学习，提高自信心。体育教师要为学生提供指导和鼓励的信息，在给学生提供的信息中，先是自我意识，即提高学生的自信心、自我期待值，充分激发与调动学习热情，还可以为学生提供与运动技能认知概念相关的信息，体育教师通过这种方式，激发与调动学生学习体育的积极性和自信心。

教师可以通过这些方式帮助学生：① 应根据学生的实际能力，调整学习目标；② 了解学生的身心准备；③ 帮助学生设定具体、合理的体育学习目标；④ 给学生充足的学习与练习时间；⑤ 合理安排时间，设定具体时间段，使学生有可供利用、做自己事情的时间；⑥ 建构充满鼓励、支持学生体育学习的身心环境；⑦ 当学生身心发展都达到一定程度时，帮助他们再进一步；⑧ 为学生准备各种情景训练，以使他们在遇到突发或特殊情况时能应付自如等。

（三）促进体育教学水平的提高

现代体育教育是教育的一个重要组成部分，因此，现代体育教学的组织与管理也必然具有一定的教育性。我国体育教育教学的总体目标是以人为本，因此，现代体育教学组织与管理也应突出育人的特点，在育人的基础上去调动学生的积极性、主动性，为获得优质的教学效果，体育教师需要用系统的思想和方法，综合、分析和研究体育教学的各个组成因素以及它们之间的关系，体育教学的组织与管理活动应促进体育教学实践的开展，为教学目标的实现、教学任务的完成以及教学过程的顺利实施提供前提和保障。

第二节　高校体育教学工作组织与

管理的方法

一、宣传教育方法

宣传教育方法是通过宣传和教育等方式，使人们围绕着共同目标而采取行动的一种方法。宣传教育方法有着一定的依据，其客观依据就是人们对思想活动的发展规律的正确认识，在现代体育教学组织与管理中，采用灌输、疏导和对比等教育工作方法是使管理目标得以实现的有效方式，这些方法可有效激发行政管理人员、教练员和运动员的工作热情，是各项工作开展的前提，另外，宣传教育方法对其他管理方法的综合运用起着传播、解释的优化作用。宣传教育方法的特点与作用主要体现在以下几方面。

（一）注重疏导性

宣传教育方法的疏导性主要表现为通过宣传教育的方式，动之以情、晓之以理，启发人们的自觉性，针对被管理者的思想问题，采取回避或捂堵的方式是不能奏效的，严重时还可能激化双方的矛盾，因此需要进行因势利导，才能达到教育的实效。

（二）宣传教育的先行性

宣传教育的先行性主要体现为以下两个方面：

第一，通过宣传教育，被管理者可以对管理方法和决策有充分的了解，同时可以思考自己如何配合行动。

第二，在管理过程中各项决策实施之前，通过宣传和教育，还可事先预测到人们可能产生的各种反应，制定相应的宣传教育措施予以预防，从而强化其正面效应，抑制可能产生的不良效应。

（三）宣传手段和方法的灵活性

宣传教育的灵活性主要体现为：由于时期和管理对象不同，思想基础、性格类型、价值观念和需求等方面也存在着差异，宣传教育工作需要依据不同的时期和不同的管理对象，对宣传教育的内容和重点、形式和手段进行确定，保持灵活性和针对性。

（四）宣传教育具有一定的滞后性

由于人们的认识和思想是对客观事物的反映，所以只有在事情发生之后或有些苗头的时候，才能对被管理者进行一些思想教育工作，滞后性对管理者有着一定的要求，管理者要从实际出发，科学地、正确地分析已经发生的问题，做到以理服人，这样才能使思想教育真正落到实处，使人们的动机从根本上得到激发。

通过宣传教育，既可激发学生参加体育活动的热情，指导学生自觉、主动地参加运动锻炼，还可调动学生体育工作各方面的积极性，从而推动学生体育工作的广泛开展，对有关学生体育的方针、政策、规章制度等执行的好坏，与对其所做的宣传是否得力有关，尤其对正处于受教育期的学生来说，只有加强对他们的体育宣传教育，才能取得更好的效果。因此，要通过班会、周会、板报、墙报、电视、广播、期刊报纸以及各种类型的体育娱乐、竞赛与表演活动等方式，大力进行体育宣传，教育学生积极参加体育运动锻炼，促使高校相关领导、管理人员和广大体育教师重视学生所参加的体育活动或工作，这样不仅能提高教学管理的水平，对学生自身的发展也有重要的意义。

二、行政方法

行政方法，是指依靠各级管理机构和领导者的权力，运用行政手段，按照行政系统规范进行管理活动的方法。行政方法是由行政管理系统采用命令、指示、规定、指令性计划和职责条例等行政手段，对其各子系统进行调节与控制的一种方法，由于该方法是由上级发布命令，下级则要服从上级，上下级之间的关系非常清晰。因此，行政方法的运用应遵循本部门的实际和管理活动的规律，同时，行政方法的运用也对上级领导者的领导素质提出了较高要求，不仅要求领导者具备较高的理论政策水平，而且还应具备较强的组织管理能力，以有利于体育教学组织与管理质量的提高，促进组织与管理的功效，促进体育教学目标的实现。行政方法的特点主要表现在以下几方面。

（一）权威性

在体育教学组织与管理过程中，权威是行政方法所起到的主要作用。行政方法是否有效，所发出指令的接受率以及上下级之间的沟通，在很大程度上取决于管理者的权威，因此，不断地完善和健全各级体育教学组织与管理机构，强化职、资、权、利的有机统一，努力提高各级管理组织和管理者的权威性，是行政方法得以有效运用的基本条件。

行政命令的传达执行通常是通过垂直纵向逐层进行的，下级只服从顶头上司，下一层次只听上一层次的指挥，对横向传来的命令、规定等，基本上可以不予理会，因此，行政方法的运用通常表现为上级对下级的指挥和控制，其强调纵向的自上而下，反对通过横向传达命令。

（二）强制性

行政方法具有一定的强制性，这主要是因为行政方法是通过各种行政指令来对管理对象进行指挥和控制，这些指令是上级组织行使权力的标志，下级必须贯彻执行，这种强制是指非执行不可的意思，与官僚主义的强迫命令有很大不同，它对人民的要求是在思想上和行动上服从统一意志，强调原则上的高度统一。

（三）针对性

在运用行政方法时，应依据不同的管理对象、目的和实践进行有针对性的改变，其针对性主要体现在实施的具体方式、方法上，由此可以看出，行政方法也具有一定的局限性，往往只对某一特定时间和对象有用，由此，我们可以得出结论，在运用行政方法进行管理活动时，既不能把它看成是唯一的方法，也不能不顾对象、目的和时间的不同而滥用。

（四）稳定性

行政方法具有相对稳定的特点，这主要是因为行政管理系统具有严密的组织结构、统一的目标、统一的行动、强有力的调节和控制，对于外部因素的干扰具有较强的抵抗作用。

三、现代管理方法

（一）奖惩法

奖惩法是指在体育教学中运用表扬、奖励先进学生，批评、惩罚落后学生的方式来管理学生的方法。奖惩法如果运用得当，能很好地提高教学的质量和水平。正确地运用奖惩法应注意以下两点：

第一，全面实行表彰和奖励。表彰和奖励在课堂上表现突出或在各种竞赛上获奖，以及成绩进步迅速地学生；表彰和奖励积极参加体育运动锻炼的学生。

第二，奖励与惩罚相结合。奖励和惩罚要做到赏罚分明，学生取得成绩时要受到表扬和奖励，学生犯错时要给予批评和惩罚。

（二）隐性管理法

隐性管理法是指教师依据课时计划进行教学目标控制、教学过程控制和教学的效果控制之外，间接影响学生心理状态和行为的控制方法。在体育教学中，如果隐性管理运用得当，会对学生起到潜移默化的作用，从而提高教学的质量和水平。隐性管理主要包括以下方式。

1. 动作启发法

在体育教学的过程中，体育教师的手势、走动以及各种表情动作等都传递出一定的信息，学生要能感知到这种信号，听从教师的安排。体育教师的手势具有一定的引导作用，手势动作成为辅助体育教师课堂管理的夸大语言的外部表现形式。体育教师的面部表情也有一定的潜在的调控作用，如表现理解的微笑和思考式地点头则表示教师对学生的鼓励和期待，表示满意的微笑和赞许式地点头，则表示出教师对学生所做行为的肯定，师生之间的这种默契的互动能形成良好的教学氛围，提高教学的质量。

2. 情感交流法

在体育教学中，有一部分学生经常会出现一定的负面情绪，如怕学、厌学等，这些负面情绪对教学质量的提高将产生直接的不良影响，这些负面情绪的产生，原因有很多，但最主要的原因还是教师讲课缺乏生动性和趣味性，难以引起学生学习的兴趣，也就是说教学缺乏情感，师生间的互动不够，因此，作为一名优秀的体育教师，在课堂上必须要善于通过情感交流，去完成预定的教学计划，从而达到既定的教学目标。

3. 语气引导法

语气引导法是体育教学中教师常用的方法之一。在体育教学过程中，教师把声音的音质、音量、声调、语速和节奏等加以组合变换，融声、色、情为一体，并运用到语气上，能对学生产生一定的诱导性影响，帮助学生将注意力集中在技术动作学习上。在教学过程中，体育教师主要通过身体行为和有声语言来传递自己的思想和信息，而通过情感、动作、语气等的运用，能及时纠正课堂上出现的各种偏离现象，从而保证教学活动的顺利进行。

（三）柔性管理法

柔性管理是一种现代管理的方法，它是相对于刚性管理而言的，倡导采用非强制性方式，对人的心理施加潜在的影响，管理者的主要职能表现为协调、激励和互补等。柔性管理更加人性化，便于组织和管理。柔性管理在体育教学中主要表现为以下几方面。

1. 个体重于群体

学生个体具有很大的差异性，这就要求在体育教学中应分别对待，一刀切的教学方法不可能实现因材施教，促进学生的共同发展，而柔性管理的运用，能很好地解决这一问题。

2. 肯定重于否定

尊重是人的基本需求，包括别人对自己的尊重，如支持、赞美、接受等，如果人在这方面得不到满足，就会产生自卑、软弱心理。在教师对学生进行管理时，特别是在对其进行评价时，应注重对其进行积极的肯定，使其心理得到一定的满足，具体而言，柔性管理时应注意以下方面。

（1）注意刚柔互补。刚性管理强调规范性和强制性，这种管理方法可以确保教学过程有章可循，目标明确，可操作性较强，但是思想过于保守，传统守旧，容易陷入机械化和简单化，而柔性管理则能弥补这一方面的不足，配合使用，能收到良好的效果。

（2）注意柔性管理效果的滞后性。在刚性管理中，管理者的意志与被管理者的执行是同步的，而在柔性管理中，被管理者的执行明显落后于管理者的意志。

（四）其他管理方法

1. 加强学生自身的管理，让学生管理学生

让学生进行自我管理是一种良好的方法，通过建立相应的学生自我管理体制，不仅能够实现学生能力的发展，还能够减轻教师的工作量，这种管理方式还能够在学生之间形成良好的氛围，并且相对自由灵活，更加易于管理，通过学生自我管理，能够发挥学生的积极性，并且能够充分发展其在管理方面的能力，这对于学生的全面发展具有重要的意义。

2. 加强家庭、高校、社会的全方位管理

体育教育管理需要高校、社会、家庭等各方面进行积极的配合，这样才能够实现更好的管理，因此，在体育教学组织与管理过程中，高校的相关管理部门应积极联系家长，保持良好的沟通和交流，使得家长能够了解

到学生的学习动态，并且能够对体育教学提出相应的意见和建议，从而促进体育教学组织与管理的优化发展。在体育教学组织与管理过程中，还应积极听取专家和学者的意见和建议，对教学组织与管理进行科学的改进。

3. 进行感情交流，实行感情管理

热爱体育运动的学生，其性格大多乐观开朗，能够与他人建立良好的关系，因此，这类学生和体育教学之间很容易形成良好的关系，在进行教学组织与管理时，教师可与学生进行主动沟通和交流，解决学生的现实问题，从而能够有的放矢地开展管理工作。

第三节　高校体育教学工作组织与管理的决策计划与评价

一、高校体育教学组织与管理的决策要求

体育教学的组织与管理过程是一个复杂的过程，需要进行周密的安排，并且要求各方面之间进行密切的配合，这样才能够保证体育教学活动的正常开展，一般可将体育教学组织与管理的过程概括为制订计划—安排实施—再制订计划—再实施这样一个连续发展的过程。

（一）加强体育教学的全面质量管理

体育教学活动管理的最终目的，就是不断提高体育教学的质量，加强体育教学的全面质量管理。不仅需要落实到体育教学活动的全过程中，还要落实到高校教学组织与管理的所有环节中。具体而言，就是要强化体育教学活动的全过程的质量管理和加强体育教学的全员性质量管理。

（二）突出体育教学活动的专业化特征

体育教学活动具有很强的专业性，这就要求我们能够把握体育教学的机制，进行渗透化管理，并经常检查管理的效果，从而建立科学、有效的教学组织与管理制度与措施。同时，高校还应使体育教师的管理主体作用

得到有效的发挥，同时控制好其他的教学因素，并注重教学活动的各种信息反馈，保证体育教学活动能够正常、顺利地开展。

（三）形成体育教学组织与管理的方法特色

经过不断地研究与实践，当前我国已经基本形成了一些体育教学组织与管理的特色。

第一，在指导思想的管理上，把育体与育心、社会需要与学生需要、校内体育教育与社会终身体育结合起来。

第二，在教学内容的管理上，将民族性与国际性、健身性与文化性、实践性与知识性、统一性与灵活性结合起来。

第三，在教学的宏观控制上，把行政管理与业务督导、统一要求与分类指导、基本评价与专题及特色评价结合起来。

第四，在教学过程的管理上，把教师主导作用与学生主体作用、以理施教与以情导教、教学的实效性与多样化、严密的课堂纪律与活泼的教学气氛、激发学生兴趣与培养刻苦精神结合起来，这些都体现了我国体育教学活动管理的总体要求，即形成体育教学组织与管理的方法特色。

二、高校体育教学组织与管理的主要计划

在制订相应的体育教学组织与管理计划时，应对高校体育教学的各项工作进行科学考虑、合理安排，各项管理计划的制订，既要保证能够充分调动各方面的积极性，又能够促进教学质量的逐步提高。具体而言，高校体育教学组织与管理的计划包括以下几方面。

（一）体育教学计划

"随着社会的稳定和经济的快速发展，国家的文体工作受到了高度重视。新时期普通高校体育教学管理工作无法再按照传统的模式展开，而是要从多个方面出发，制订出合理的规划，完成体育教学管理工作的转变，从而培养出更多的体育人才。[①]"

---

① 宋江浩. 新时期普通高校体育教学管理工作探析［J］. 新校园（上旬），2016（04）：117.

1. 体育教学工作计划

体育教学工作计划是贯彻国家制定的体育教学大纲和教材、科学地安排整个教学工作、顺利完成教学工作目标不可缺少的文件，是体育教师进行体育教学的主要依据，它包括全年教学工作计划、单元教学计划和课时计划等。

2. 学年体育工作计划

学年体育工作计划是在长期规划的基础上，概括国家的教育和体育方针、上级领导机关的指示精神、高校工作的中心任务及要求，在总结上学年或上学期体育工作的基础上，结合高校体育工作的实际情况制订的。

3. 课外体育工作计划

课外体育工作计划是高校体育工作计划的一个重要组成部分，它包括全校课外体育工作计划、班级体育锻炼计划和个人锻炼计划等。高校应结合本校实际与学生的具体情况来安排相应的课外体育工作计划。

（二）业余运动训练计划

高校业余运动训练是高校体育的一项重要任务，积极开展业余训练可以增强学生体质，提高运动技术水平，它可以分为个人训练计划、集体训练计划、多年训练计划、学年训练计划、阶段训练计划、周训练计划、课时训练计划等，业余训练计划是增强大学生运动员专项素质的重要保证，应针对大学生运动员的运动特点合理制订计划。

（三）运动竞赛计划

运动竞赛计划是检查教学质量、衡量运动训练水平、选拔优秀体育人才的重要手段，它包括年度竞赛计划、学期竞赛计划，制订运动竞赛计划时应考虑和上级竞赛计划相吻合，在时间安排上要利用节假日，项目安排上除考虑竞技体育项目外，还要考虑到学生喜闻乐见的项目。

（四）教师培训计划

时代总是处于不断发展变化之中，这就要求教师在教学过程中不断学习新的知识，不断提高自身的素质。在制订教师培训计划时，要考虑到每个教师的业务水平及高校体育的发展水平、年龄层次，要结合教学的实际情况，在不影响教学的情况下轮流培训，教师培训计划是增强教师素质的重要形式，同时，还应加强教师思想意识的发展，促进其自我提升。

（五）场馆、器材使用计划

制定场馆建设、维护，器材购买、维修计划，应考虑到高校体育的发展情况，同时要考虑到实际情况，合理地配置有限的财力、物力资源。场馆、器材计划的制定其最低限度是保证各项教学活动能够正常开展。

三、高校体育教学组织与管理工作的评价

高校体育教学组织与管理的目标能否实现，以及相应的体育教学计划能否正常执行，在很大程度上决定着能否对体育教学组织与管理的过程进行有效的控制。在高校体育教学过程中，经常会出现原有的工作计划与现实情况发生矛盾，这时就需要采取相应的措施保证体育教学组织与管理目标的实现，如果无法发现其中的问题，并且不能及时进行必要的信息反馈，就无法消除问题，从而影响体育教学效果，不利于体育教学目标的实现。在对体育教学组织与管理工作进行评价时，其具体步骤如下。

（一）明确体育教学组织与管理评价的目的

解决为什么要进行评价是进行体育教学组织与管理评价的首要环节。而且，任何一项体育教学组织与管理评价活动，都是在一定的目的指导下进行的，体育教学组织与管理评价的具体目的不同，评价的内容、组织形式和方法也不同。

（二）成立评价小组或评价机构

体育教学评价小组或评价机构是体育教学组织与管理评价的主体。成立体育教学组织与管理的评价小组或评价机构时，要依据具体的情况确定组成的性质、规模及其人员组成，体育教学组织与管理的评价小组或评价机构可以是具有长期的连续性和稳定性的，也可以是临时性的，但是，无论是什么样的评价小组或评价机构都必须要具有权威性，体育教学组织与管理的评价小组或评价机构一般由分管领导和专家组成。

（三）制定评价标准和指标体系

确定体育教学组织与管理的评价目的之后，就需要解决评价什么的问题了，也就是对体育教学组织与管理的评价目标进行分析并使之具体化。

体育教学组织与管理的评价者要对评价指标进行认真研究，并尽量通过试评获取典型或实例，以便统一尺度，进而制定合理的体育教学组织与管理的评价标准和指标体系。

（四）收集体育教学组织与管理的评价信息

收集信息也是实施体育教学组织与管理评价的一个重要环节。在高校体育教学评价过程中，收集信息的方法主要有以下五种：

第一，观察法。评价者依据指标内涵的要求和评价对象的特点，有目的、有计划地直接进行自然状态下或控制条件下的观察进而获取评价信息资料。

第二，问卷法。评价者通过书面调查评价对象而获取评价信息。

第三，访谈法。评价者依照访谈提纲，通过和评价对象面对面谈话或者是小组座谈会的方式直接搜集信息。

第四，测验法。评价者依据评价内容编制一定的等级量表和标准的试题，用以收集评价信息。

第五，文献法。评价者通过查阅与评价对象有关的文字记载的材料，进而收集评价资料。

（五）判断体育教学组织与管理的评价结果

在收集到了有关评价对象的资料后，就要对其进行加工处理，只有依靠对评价资料的加工处理（反馈评价结论、意见或建议），才能做出科学的、正确的判断，同时，指出评价对象的优点及其存在问题，并分析原因，进而提供改进办法和措施，在实施评价的过程中如发现方案有缺陷，必须及时修正。

第四节　高校体育教学工作组织与管理的结构优化设计

一、高校体育管理组织结构的设计原则

（一）目标任务原则

我国普通高校体育管理组织结构设计应当以目标任务设职位，并根据职位设人，组织结构的变化是根据普通高校目标任务及国家的政策制度的要求而变化的，所以组织结构中的机构、职务、职位都应当围绕着组织目标或组织工作的需要来设计，这样才能保证目标任务明确、结构清晰有效。

（二）适应性原则

适应性原则是指我国普通高校体育管理组织结构的设计，应该与当前的目标任务、内外界环境及自身资源等相一致，以满足国家、社会及高校发展的需要。

第一，普通高校体育管理组织结构的设计应该与我国普通高校体育的目标任务相适应，这是完成普通高校体育管理目标与任务的基本保证。

第二，组织结构的设计应该与普通高校的内外部环境及自身资源相适应。高校的规模、所处城市的经济发展状况及高校自身的体育资源都是组织结构设计中应当考虑的重要因素，不同的高校情况需要不同的组织结构确保其完成目标任务的完成，如设有体育院系的普通高校与没有体育院系的高校的目标任务就有所不同，即使是没有体育院系的普通高校，也会因其高校规模、所在地区及高校是否有高水平运动队的不同，而导致组织结构的不同，即使是相同的组织结构，也会因其责权设置的不同而产生不同的效果。因此，普通高校体育管理组织结构的设计还应当与高校的内外部环境及自身资源相适应，才能有效地完成普通高校体育的职能。

（三）高效性原则

效率是衡量管理优劣的主要评价指标之一，它显示的是组织成员付出努力，以最小的出错率达到资源利用的经济性。加强普通高校体育工作，进一步发展高校体育，重要的是关注管理效率，只有高效率的管理，才能提高高校体育工作的效益，无论采取哪种组织管理结构，要保证管理渠道的畅通，在适宜的组织环境中，保证组织目标任务能够实现的前提下，结构设计应尽量简单，减少层次和职务类别，有效利用组织的资源，以保证组织最大限度地发挥人、财、物的综合功能。

（四）动态性原则

组织是一个开放的系统，任何成功设计的组织结构，随着组织的发展与环境的变迁，也将出现问题，普通高校体育组织所处的环境是变化的，随着其所在高校的发展变化，其组织结构也必定会随着这种变化而变化，没有一成不变的，可以适应所有环境、适应组织不同发展阶段的组织结构，因此，普通高校体育组织结构应该是动态的，开放的，不是僵固不变的，这样才能适应不断变化的环境。因此，普通高校体育管理组织结构的设计必须遵循动态性原则，此外，组织结构只有适宜的，没有那种所谓最好的、最标准的组织结构。

二、高校体育管理组织结构的设计内容

根据组织结构理论，组织结构是将组织任务按照明确的职责进行划分，然后再使它们之间协调起来所采取的一切方式的总和。组织设计是许多权变因素的组合，影响组织设计的权变因素主要有策略、环境、科学技术、组织规模、组织文化等，组织结构与设计要与上述因素之间相适应，才能使组织结构适应于目标任务的完成，因此，对普通高校体育管理组织结构进行设计，应该从分析高校的外部环境、工作特点、高校规模、高校文化等因素入手，考虑高校体育管理的部门设置、命令链、权力配置、制度设计等，以此来确定适宜高校体育发展的组织结构类型。

（一）高校体育发展策略与体育管理组织结构

策略是一套如何与竞争性环境相互作用，以达成组织目标的计划。高校体育发展策略是高校体育管理者根据国家对高校体育下发的法规政策的

要求，在高校的内部环境与条件下，组织高校内人、财、物等资源，实现高校体育目标与任务的谋划。高校体育发展策略不仅是与国家的政策法规相关，也与其所在高校发展战略相关。高校体育管理组织结构一定是服从于高校体育发展策略，如果策略发生了重大变化，组织结构也应做相应调整，以支持高校体育发展战略的变化。

如清华大学，在完成国家教委对高校体育的要求与任务的基础上，高校体育被纳入学科建设，体育科研成为高校体育腾飞的力量之源，清华大学设有体育博士点、体育教育训练学博士点，还有体育人文社会学、运动人体科学和体育教育训练学等三个硕士点，那么清华大学的体育管理组织结构的设计与其目前的目标与任务相一致，组织结构的部门设置及人员的权责分配均是按照其目标任务所安排，有利于其组织目标与任务的完成。

而有些普通高等高校，体育部门的目标与任务只是完成国家教委对高校体育的基本要求，体育发展策略中没有像清华大学一样作为学科发展，目标与任务是完成基础学科的教学与群体活动，发展策略的不同，目标与任务也将有所不同，组织结构的设计上必然具有差异性。如江苏大学，其体育管理组织结构的设计比较清华大学而言，功能明确，部门设置较简单，分为教学、科研、群体三个教研室和一个部办公室，完成其高校体育教学、群体及科研任务的基本要求。

就高校发展的职能策略而言，高校是否设有体育院系、硕博士点，高水平运动队等，直接关系着组织结构的设计，因为不同类型的高校侧重不同的职能，设有体育院系和硕博士点的高校要注重学科的发展与科研的职能，未设体育专业的普通高校体育部，通常对科学研究的要求相对要低一些，倚重不同职能的高校，其体育管理组织结构上也会呈现差异。

凡系统都有结构和功能，系统是结构和功能的统一体，结构规定和制约功能的性质、水平、范围、大小，功能又不断调整和改变不相适应的结构，因此，设有体育院系和硕博士点的高校将会向学科发展与科研上加以倾斜，这样在组织结构上，通常会设置研究所、研究中心，设有高水平运动队的高校，则倾向于竞赛、招生、训练及场馆等方面的管理，通常设置场馆中心和训练竞赛部门。

（二）高校体育环境与体育管理组织结构

环境就是组织界线以外的一切事物，它是组织生存和发展的全部外部条件的总和。高校体育的环境是由高校内、外部可能影响的所有因素构成的，包括社会政治、经济、科学技术、法律、生源、竞争者、教育行政机构、社会公众群体及校园文化等。组织总是在一定的环境下生存与发展的，组织与环境处于不断的物质、能源、信息的交换过程之中，加上环境的不确定性与动态可变性，它无时无刻不影响着组织，如国家教委与体委颁布的高校体育法律法规，高校与高校之间体育生源竞争大战，学生及家长对高校不断提出的新要求等，这些动态环境会对组织提出新的要求。

一般而言，简单的环境，组织通常采用职能结构。复杂环境，组织采用事业部结构或矩阵式结构；环境单一，则强调工作标准化、行为正规化的科层制结构环境多样，则强调机构设置的多样化，正规化低的分权结构；环境稳定，采用机械结构，环境动荡，采用有机结构。这些组织理论的研究成果，对高校体育管理组织结构的设计具有指导意义，高校体育的发展，决不能忽视对环境的认识，必须确认环境的特征，来设计和选择适应环境特征的组织结构。

当前，高等高校所处的环境变化越来越快，越来越复杂，而高校体育的环境也是动态的，随着所在高校的发展而发展，为了加强对环境的适应性，在组织结构设计过程中，要根据适应性原则进行组织的设置与连接，使组织结构能够更好地适应环境。

（三）高校科学技术与体育管理组织结构

高校体育科学技术是指教师、管理人员在工作时采用的方法，因此可以分为教育工作技术与教育管理技术两个方面。教学和学术研究是高校的主要技术任务，体育教学科研人员是这些工作的主体，他们在专门的学科领域中进行知识的传播、应用与创新工作。

当前高校体育的教学在传统的教学技术上，开始增加计算机、网络等技术的运用，对教学技术提出了新的要求，科学研究与知识运用在高校中被更加重视与强调，体育学科领域具有其独特的研究方法与专门技术；高校体育管理技术也可分为教学管理、人事管理、科研管理、后勤管理、学生管理等内容。

计算机与网络技术在管理中广泛运用，从教学大纲的网上公布、学生成绩登录、科研成果的上传与查询、财务记录等都广泛使用计算机与网络技术，管理技术的现代化对高校体育管理组织结构也产生了深刻的影响，促使了高校体育管理组织结构的扁平化。高校的行政人员、教师、学生都是松散地联系在一起，教学科研人员的工作是高度自主的工作，必须调动他们的积极性，同时，要根据不同的工作任务、工作对象采用不同的组织结构，如教学组织与科研组织、行政组织就要进行不同的设计，因为他们的工作技术是不同的。

（四）高校文化与体育管理组织结构

组织文化是一个综合体，它是一组共有的价值观与规范系统，用以控制组织成员之间，以及组织成员与供应商、顾客等组织外部人员之间的互动行为。组织中的文化主要有适应文化、任务文化、家族式文化及官僚文化，当今组织为了追求组织弹性，较少有采用官僚文化，但是根据组织所处的环境、组织策略及组织结构，官僚文化依然有其优点，依然有采用此文化而成功的组织。

组织文化是促进组织内相互调整的重要因子，它就像是一种非正式组织，有助于组织结构的运作。因此，高校体育管理组织结构的设计，应当考虑到高校文化及体育部门内部的文化，相同的组织结构也会由于组织文化不同而致使组织效能不同，各高校体育部门应根据自身的组织文化特点，选择适宜组织文化的组织结构，只有适宜组织文化的组织结构是高校体育目标与任务有效完成的保证。

三、高校体育管理组织结构的优化

（一）设有体育相关专业普通高校体育管理组织结构的优化

由于我国普通高校体育学科起步较晚，高校中的体育学科与其他成熟学科相比发展并不均衡，在承担其培养体育专业人才、公共体育教学及群体与运动队训练的基础上，应加强其科学研究和学科发展的功能，承担教学与科研并重的任务，因此，在这种组织目标的导向下，原来高校体育管理必然会面临许多新的挑战，需要我们对其组织结构做出新的思考。

设有体育相关专业的普通高校，最适宜的组织结构的管理重心应该居于中间位置，即在学院或系部这个层面，原因在于以下四点：

第一，它有利于增强体育学科意识。我国普通高校体育学科起步较晚，强化学科意识是至关重要的，通过组织结构的设计和选择，促进体育学科办学理念的转变，学科意识的增强是十分必要的。

第二，有利于体育学科的合理布局。学院或系是汇集相关或相近的专业所形成学科群，尽管一开始体育学院下属的各体育专业发展参差不齐，如有些专业已有一定基础，发展较为完善，但也有些专业还未成形。不过，随着管理重心下移至体育学院（系、部），使得学院有了根据社会需要和学院专业发展基础来进行学科布局的空间和可能，这是因为学院或系、部是最了解有关学科建设情况的。

第三，有利于学科资源整合。管理重心下移到学院（系、部），学院就有了一定的财权、人权和教学科研资源的调控权，学院可以充分利用普通高校的多学科综合优势，整合资源，制定一系列符合学科发展规律的，具有学科特点的教学与科研政策，以搭建学科组织，构建学科平台，推动学科发展。

第四，有利于通过学术权力和行政权力来加速学科的发展。在学科发展的初期，由于学科形态不完整，学科建设水平不高，甚至缺乏学科带头人，这就需要以学科建设为主线，运用行政权力来整合学科资源，尤其是在引进学科带头人和优秀人才上，排除一些干扰，这样才能加速学科的发展。

设有体育相关专业的普通高校的组织结构的优化，重点是如何创造一个良好的学科生态环境和学术氛围，创造一种学科交叉的条件。因此，柔性化的矩阵结构是适应这类高校的组织结构，矩阵结构是一种既有纵向联系，又有横向联系，既考虑分工，又考虑协作，有效地把组织管理中的垂直联系和水平联系，集权化和分权化结合起来的以工作任务为目标的组织结构。

矩阵结构是适合于设有体育相关专业的普通高校体育管理组织结构的组织形式，在纵向的层级结构中，采用高校—院系—教研室这种结构设置，学院中设有系的可设系教学秘书，负责系上的日常工作，但不把系作为一个层级设置。在柔性化的矩阵结构中，纵向为行政流，横向为学术流。纵向的行政流体现了行政管理和服务的功能；横向则主要围绕着目标与任务，整合资源，有效地完成其目标与任务。

采取柔性化的矩阵结构优点表现在：① 形成体育学科的生态化环境，形高校体育教学基础课程与管理组织机构研究专业交叉和共生的氛围，容易形成多学科联合，跨专业研究的格局；② 推动各体育专业的开放性，使各专业组织之间变得灵活与松散，形成活跃的学术流，流畅的行政流；③ 有利于提高知识创新和组织绩效，灵活、弹性、自主的矩阵型组织结构，可使知识创新活动处于一种高效的状态；管理层次的扁平化减少了科学成本，提高高校体育管理的组织效能。

（二）未设体育相关专业普通高校体育管理组织结构的优化

未设体育相关专业的普通高校，其体育教学以体育知识传授和学生全面发展为导向，这类普通高校的体育组织特征是高校主导型，管理垂直化。所谓管理垂直化，就是这类高校的决策系统高度集中化，形成金字塔式的组织形式，高校的办学思想和政策措施按照严格的规章制定，通过行政方式逐级向下贯彻，最终传达到每个教师，高校的行政权力的影响力较大，因此适宜的组织结构为产品事业部组织结构，这种是将体育部门的管理支援功能集中，能管理并服务于不同的教研室，教研室依据教师的专业来划分，有利于形成体育学科的专业团队。这种组织结构具有高效和规范等优点，强调行政权力对教学资源的整合与导向，关注教学过程的规范性及管理制度的统一，适合未设体育相关专业普通高校体育的发展特点。

未设体育相关专业的普通高校的体育管理组织结构弹性较小，控制性更强，这种规范的科层式的组织结构可以保证教学秩序的稳定，教学目标的明确，教学质量的提高，从而有效地完成无体育相关专业的普通高校体育的目标与任务。

四、高校体育管理组织结构优化设计中的控制与协调

每一所高校有其自身的发展历史、发展阶段、发展基础和发展目标，设计和选择与之相适应的组织结构是非常重要的。任何组织都是一个动态的发展过程，既要受到组织系统的外部环境的影响，又要受到组织系统的内部资源的制约。各高校应根据自身的实际情况，在选择的组织结构形式上进行相应的修正，才能成为获得真正意义上的优化的高校体育管理的组织结构。

（一）组织的垂直与水平分化

在组织设计中，如何进行组织分化达成组织目标是主要的挑战之一，分化是一种过程，过程中组织依任务分配人力与资源，并建立任务与职权之间的关系，以便使组织能达成目标。简言之，分化是组织中建立并控制分工或专业化程度的过程。当组织中的分工程度提高，管理者将专精于某种角色，并雇用他人专司其他工作；专业化就是让人们得以发展个别的能力与知识，这是组织核心竞争力的来源。

垂直分化是指组织职权层级的设计方式，以及为了界定角色间与次级

单位间的关系，而设计出彼此之间上下级的关系，垂直分化建立起层级间职权的分配，使组织本身的各种活动有更周延的控制，而提升其价值创造的能力。

水平分化是指组织将任务集合成角色，以及将角色集合成次级单位（部门或事业部）的方式，水平分化建立组织的分工体系，使组织成员变得更专精与更有生产力，而提升组织创造价值的能力。

普通高校体育管理组织结构的设计中，若要取得成功的设计，既要注重垂直分化的层级设计，同时要权衡到水平分化，这样的组织结构才能取得较好的管理效能。

（二）平衡分化与整合

组织的水平分化有助于组织成员专业化，从而获得较高的生产力，然而组织却常发现专业分工限制了次级单位间的沟通，导致无法相互学习。因为水平分化的结果使得部门发展本位导向，亦即完全以自己单位的时间架构、目标和人际取向来考虑自己单位在组织中的角色扮演。

为了避免水平分化所引起的沟通问题，组织常用新的或更好的部门整合方式，企图提升次级单位间的合作、协调与沟通，如何促进次级单位间的沟通与协调，是管理者的一项重要挑战，这个问题之所以重要，原因之一是次级单位的本位导向使得沟通变得困难且复杂。此外，另一个造成组织缺乏协调与沟通的原因则是管理者未能妥善使用整合机制。整合是协调各种任务、部门和事业部的过程，目的在于使他们能同心协力、目标一致。

（三）平衡集权与分权

职权赋予组织成员要求他为行动负责，以及决定资源如何使用的权力。凡重大决策权均保留给高层管理者，称之为高度集权。反之，将组织资源的使用与推动新的计划等重大决策权分配给组织的各阶层主管时，则称之为高度分权。

集权的优点是让高层主管能协调组织的各种活动，使他们都朝共同的目标努力；缺点是，当高层管理者负担过重，并忙于每天的作业性决策（如教师安排与场地分配）时，将没有时间为组织的未来思考长期的策略决策。

分权的优点是由于低层主管对于当场、即时的问题有做决策的权力，因而能提升组织的弹性与应变能力，管理者仍需为自己的行为负责，但是会让他们愿意去肩负更大的责任，以及做必要的冒险，此外，在分权的设计下，管理者有权做重要的决定，因此比较能够发挥他们的技术与能力，且愿意为组织把事情做得更好；分权的缺点是当各阶层的主管有决策的资助权时，组织的规划与协调会变得非常困难，组织将失去对决策过程的控制能力。

如何正确平衡集权与分权是组织设计的挑战之一，过度的分权将使管理者追求自己部门的目标，而无法达成组织整体目标，相反，过分的集权，即让高层主管做所有的重大决策，则造成本部门缺乏相应的自主权。理想的情况是平衡集权与分权，让掌握情况与行动的中低层主管能够做重要的决策，而高层管理者则专心在长期策略性的决策。

（四）平衡标准化与相互调整

不论组织大或小，在面对的组织设计的问题上，仍在于如何平衡标准化与相互调整。标准化是要求人们遵守特定的模式或范例，这些模式或范例是由一组被认为能妥当处理某特定情况的规则或规范所组成，标准化的决策与协调程序，使得组织成员在某种状况下的行为可被预测；相互调整则是组织成员以自己的判断，而非标准化规章来处理问题、做决策与提升协调性的过程。适当的平衡标准化与相互调整，既能让某些组织中的行为具有可预期性，而达成组织的基本任务与目标，同时又能兼顾员工保有弹性行事的自由，以创新的方式对新的与改变中的情况给予反应。

组织设计的挑战是要平衡标准化与相互调整间的关系，既要使用规章与规范将行为标准化，也要让员工有相互调整的自由，以便能选择较好的新方法来实现组织目标。若要兼顾标准化与相互调整，一般而言，必须了解高层的决策及低层执行任务的部门的具体情况和能力，而在实践中通常会采用相互调整而非标准化的协调方式来完成任务。

第三章　现代高校体育教学方法及选择

第一节　高校体育教学方法及其重要性

一、体育运动教学方法的概念界定

教学方法指实现体育课程教学目标由师生共同完成的一切教学活动和教学方式的总和。它是由一系列行为组成的一个操作系统，具体包含了教师和学生两个层面的操作体系。我们可以从以下几方面来对体育教学方法进行理解：

第一，体育运动教学方法是"教"与"学"的统一。好的体育运动教学方法是教与学的统一体，也就是说教师和学生之间只有通过相互的有效互动，形成一种沟通的桥梁，才能真正发挥出体育教学方法的作用和价值。我们可以从两个层面来理解体育教学内容和相关的体育教学活动：一是教师的"教"二是学生的"学"。教师作为教授知识的主体，其选用的教学方法和手段都是以学生为对象的，学生对于知识和技能的掌握及其理解能力的提升是教学活动开展的重要契机；对于学生而言，他们只需要紧跟教师的引导的步伐，积极参与学习和互动的实践，与教师建立紧密的沟通和联系，以获得更大的进步。因此，只有将教与学切实贯穿于教学的整个过程，积极促进教师与学生之间的互动与交流，才能够真正实现体育教学任务和目标。

第二，体育运动教学方法是师生动作和行为的总和。体育教学方法的贯彻与实施需要师生之间的互动，互动又是通过语言、动作和行为来实现的，因此可以说体育教学是师生的语言、动作和行为的综合体。具体而言学生要掌握体育运动的理论知识或者是某种运动技能，都必须要经过体育教师的讲解、示范、纠正等动作的支持；在此基础之上，学生进行反复练习也是一种行为上的体现。

第三，体育运动教学方法的功能具有多样性。现代教育理念赋予了体育教学多样化和丰富化的功能。现代体育运动教学既关注运动技能的掌握、身体素质的提升，同时也更加强调学生素质的全面提升。

二、体育运动教学方法的层次系统

（一）体育运动教学策略

教学策略是教学方法的组合，是教师将多种手法和手段组合在一起进行教学的行为方式。体育教学策略的优劣主要体现在单元和课程的设计思路和方案的设计。例如，作为一种广义的教学方法，发现式教学法就主要是模型演示法、提问法、讨论法、归纳法等传统意义上的教学手段的有机组合。

（二）体育运动教学方法

在体育运动教学方法的层次系统中，教学方法处于"中位"，它与传统意义上的教学方法基本相同。是体育教师为达到一定的教学目标运用教学手法进行体育教学的行为与动作的总和。通过一种主要手法的运用来进行教学的行为方式。例如，提问法具体方法就是为检验学生对知识的掌握的状况，还可以激励学生积极参与课堂互动和对问题的思考。体育教学方法其实也是一门"技术"，通常应用某一教学步骤，而且会由于不同教师的教学风格的不同而呈现出不同的特征。

（三）体育运动教学手段

在体育教学方法层次中，处于教学手段"下位"的地位。它是传统意义上的教学方法的一个部分，我们也可以将体育教学手段理解为一种"教学工具"，也就是说在某一个具体的教学步骤中可能会采用各种教学手段来协助教学课程的顺利完成。"如提问教法中的挂图使用（或称挂图法），就是主要运用挂图的工具来实现某个教学方法的完成的手法。这种教学主要体现在课中的某一个教学步骤中更为具体的教学环节（场景）上。[①]"

---

① 陈雁飞，董文梅，毛振明．论体育教学方法的概念和层次 [J]．天津体育学院学报，2006（02）：182．

三、高校体育教学方法的重要性

体育运动教学方法的重要性不仅产生于教学活动的进行过程中，而且在教学活动结束之后的一段时期内，教学方法为学生带来的影响也是极为深远的，因此这是其他体育教学要素在功能上无法与之媲美的。

（一）促进良好体育教学氛围的营造

科学合理的体育教学方法使得学生对于体育学习的积极性以及参与体育活动的积极性都可以大幅度地提高；通过适当的科学化的体育教学方法，可以对学生的学习的专注程度也会有所提升，这对于形成良好的学习气氛也是非常有益的。另外，良好的学习氛围能够更好地带动所有的学生一起投入体育学习，从而形成一种良性的循环，最终共同提高体育教学的质量。

（二）促进学生身心素质的全面发展

任何一种体育教学方法的产生必定是受到某种或某些科学思想或理论的熏陶与影响，因此可以说任何一种体育教学方法都具有一定的科学性与和合理性。基于此，要达到促进学生身心健康发展的目标，体育教师就需要对体育教学方法进行合理地利用以及科学地组合使用。如果采用的体育教学方法与教学内容或者与学生的实际情况、学校的教学设施等客观条件相背离的话，不仅不能够促进学生的学习能力的提升，而且还有可能会给学生的综合发展带来阻碍作用。

（三）促进体育教学质量的提高

通过科学的体育教学方法，能够充分激发出学生的学习兴趣与热情，充分发挥出学生的学习主观能动性，这对于促进学生的学习效率和全面提高学生的体育教学质量具有积极的促进作用。

第二节　高校体育教学方法的主要类型

一、传统体育运动教学方法

（一）传统体育运动教法

1. 语言教学法

语言教学法是指教师通过语言方式来描述体育知识、文化、动作要领、技术构成、教学安排等一系列活动要点的方法，学生通过对教师的语言的理解，逐步掌握知识的要点。

（1）讲解教学法。讲解教学法，是指教师通过讲解来展开教学活动内容。讲解法一般用于体育理论的教学，讲解教学体育教师需要注意学生所处的认知能力和知识水平。如果讲解的深度和难度超出了学生认知能力的范围，让大部分学生感到难以理解，则说明教师阐释的方式或者选用的教学内容不适合学生。讲解法的使用要注意以下要点：

第一，明确讲解的内容和目标，讲解的过程要突出讲解内容重点和难点；讲解要有较强的目的性和针对性，也就是说在讲解之前就已经预设好讲解将要达成什么样的目标，以便于在讲解过程中对课堂的整体方向有所把握。避免信马由缰、脱离主题地讲解，这样往往使学生无法理解教师的用意，浪费了课堂的宝贵时间，导致课堂效率过低。

第二，保证讲解内容的准确性。教师要重视讲解内容，尤其是体育历史文化、专业术语的解释、技能方法的描述要准确到位。

第三，注意讲解的形式要简单明了、生动有趣。任何繁冗拖沓、枯燥乏味的内容都容易让人产生厌倦的感受，因此教师要善于利用图片、视频与语言讲解相配合，同时采用多样化的表达方式，将知识点描绘得更加形象自然，加以肢体动作以促进学生对语言描述的理解。

第四，讲解要由表及里、易懂易学。对于同样的知识点不同的教师进行教学的效果往往会产生一定的差异，产生这种差异性最主要的原因之一就在于教师对于引导学生进行理解的方式。优秀的、有经验的教师往往更善于通过对比、类比、递推、递进式提问等形式来启发学生的想象思维和主动思考，促进学生对于知识的敏感性，能够发现知识之间的内部联系，并形成自我的认知能力和属于自己的知识体系，并且能够灵活地完成对知识要点的迁移。

第五，注重讲解的知识在逻辑上的先后顺序以及它们之间的内在关联性，以便于学生能够更快地完成对知识的掌握并形成较为稳定的知识体系。

（2）口头评价法。作为体育教学中的教学方法之一，口头评价是最为快速和直接的一种评价和提醒，它不拘泥于某个具体的时间点和地点，既可以在课堂中进行也可以是在一节课结束之后，体育教师对学生的学习和练习以及获得的学习效果进行简要的、概括性的点评。口头评价可以按照评价的性质分为积极评价和消极评价两种：积极评价——带有肯定、表扬和鼓励的性质的评价；消极评价——由于学生的表现不够理想，具有一定的批评和鞭策作用的评价。由于该评价是以批评的性质为主，因此教师要尤其注意沟通的技巧，注意措辞的方式，就事论事，既要让学生充分认识到自己的不足之处，又要保护学生的自尊心。

（3）口令、指示法。口令、指示的语言凝练，短促有力，因此在体育教学的实践中教师可以适当通过口令指示给予学生一定的知识，这种方式尤其适用于体育教学中的动作教学。口令和指示法的应用有以下要求：

第一，发令的声音要清晰、洪亮。教师应发音清晰、声音洪亮。

第二，注意使用口令法和指示法的时机。

第三，注意口令和指示发出语速和节奏，太快了学生跟不上，太慢了会削弱其力度和有效性。

2. 直观教学法

直观教学法是通过给予学生的视觉等感官以刺激来促使学生对体育知识产生深刻的了解，直观教学法的优势和特点是直接、生动、形象，因此产生的效果往往也更具有震撼力和持久性。

（1）动作示范法。动作示范法，就是指在体育教学中，教师通过对教学内容的动作示范，来帮助学生熟悉动作的结构和动作的要领，同时对该技术动作有一个整体上的、比较形象化的了解。应用动作示范教学法应注意：

第一，明确示范目的。在示范之前，要明确示范的目的是什么，通过动作的展示，要使学生达到什么样的学习效果。

第二，动作的示范要标准连贯。因为教师的演示就是学生学习和模仿的参考，所以教师的示范必须要正确，否则一旦学生形成错误的动作习惯，对其的后续的学习会带来许多麻烦与不便。

第三，注意选择合适的示范位置和角度。这样做的主要目的是要使所有的学生都能清晰地观察到动作示范，从而对技术动作产生一致性的、准确的理解和认识，为了实现该目标，教师可以选择从多个角度来进行多次示范等方法。

（2）教具与模型演示。利用教具和模型等实际物体来辅助体育的教育教学，使学生对于技术结构的理解会更加的简便和轻松。

（3）案例教学法。案例教学法就是在体育教学中用反面对比和类比等方法来列举例子，让学生能够更好地理解所教授的内容。案例教学法中，例子的选取要适合，确保能够产生目标要达到的加强、对比等方面的作用。选取有关战术配合的案例时，其案例的分析要尽量详尽一些，并且要注意从攻和守两个角度来进行分析。

（4）多媒体教学法。多媒体教学可以形象生动地将教学内容展示出来，通过动画和视频演示、慢放和定格等操作，可以将每一个动作的每一个重点和细节都精准地定位、展示和分析，从而使学生对动作技术有更加快速、清晰、深刻的认识，这是传统的肢体示范和口头讲解都无法实现的。

3. 完整教学法

完整教学法在体育教学中有着较为广泛的应用，其主要应用与教学实践课，重点强调体育教学过程中要完整地、不间断地对整个技术动作的过程进行展示，使学生从整体上产生对动作的整体概念和印象。完整教学法在体育教学中的应用有以下要点需要引起注意。

（1）完整展示要及时。在通过语言讲解之后，要尽快进入整体展示的阶段，保持学生在认知上的连贯性，在语言讲解和整体展示的连续的、双重作用下，促进学生对技术动作有一个正确的把握。

（2）前期的动作练习要适当降低难度。对于难度系数稍大的动作，教师可以先降低动作的难度和要求来引导学生完成完整的动作流程，然后逐渐增加难度，待学生比较熟悉动作流程之后再按照标准动作的要求来完成整个动作的学习和练习。

（3）对动作的各个要素进行全面的解析，而不是仅仅局限于将动作连续地展示给学生看。这里的动作要素主要包括动作的发力点、支撑点、用力的方向、大小以及所有影响动作标准的细节因素。

4. 分解教学法

分解教学法是与完整教学法相对的，更适合于高难度的运动项目。分解教学法的主要优势分步教学，将原本很复杂的动作变得更容易理解和模仿，从根本上降低了技术动作的难度。具体来说，分解教学法的应用需要注意以下三点：

（1）科学地选择技术动作的分解的节点，不要破坏整个动作的连贯性。

（2）注意依次教学和加强衔接练习。对于分解后的各个部分要按照其先后顺序进行练习，之后还要将各个环节的衔接处结合到一起，并对此做专门的强化练习。

（3）将分解法和整体法相结合运用，可以获得更好的教学效果。

5. 预防教学法

学生的体育学习和教师的体育教学一样也是一个开放性的过程，因此其受到各种因素干扰的可能性较大。除此之外，学生的理解能力、认知水平、身体的协调性和体能素质等各方面的条件也存在较大的差异性，要求所有的学生都能够迅速掌握体育知识和动作的要领显然是不现实的。在学习的过程中学生不可避免地会出现各种各样的错误，这就要求教师要注意观察学生的动作练习的情况，总结出其中的规律性，指出错误发生的根本性原因并予以纠正。预防教学法正是针对学生的错误认知、错误动作这种现象而提出的一种具有预防、阻断效果的教学方法。应用预防教学法有以下要求。

（1）体育教学中，在前期的讲解过程中要不断强化正确的认知，并对易于出错的地方予以强调，避免对动作的理解产生歧义和不正确的认知。

（2）教师在正式上课之前要对可能出现问题的地方进行预估，然后设计出一套比较完善和高效的解决方案，这样可以节约上课的时间，提高教学的效率。

（3）可将口头评价的教学方法综合运用到实际的教学过程中，提示学生在关键的时候不要犯错误。

6. 纠错教学法

纠错教学方法是指在实际的教学过程中教师发现了学生发生了在理论认识和动作练习上的错误之后及时纠正的一种教学方法。其中动作错误主要体现在对于动作理解上的偏差而导致的错误，或者是由于不够熟练，达不到标准的技术动作，针对不同的情况教师要对此加以分析采用不同的引导方式。必要的时候可以使用一定的外力帮助学生对于技术动作形成正确的本体感觉。比起预防性的措施，纠错具有较强的针对性，因此教师必须要能精准分析错的源头，才能给出最为合理和有效的解决方案。

7. 游戏教学法

游戏教学法，指教师通过游戏娱乐的方式促使学生对体育知识要点的掌握。该教学方法应用比较广泛，可用于各个学习时期尤其适合于低龄的学生。"游戏作为一种活动的动力源泉，教师通过将游戏教学法运用到体育教学活动中，能够充分激发学生对体育教学的学习兴趣，调动学生的主动性与积极性，促进学生全面发展。[①]"在进行游戏教学法的过程中需要注意以下方面。

（1）注意游戏的设计其所涉及的行为方式、思维方式都应当与所教授的内容具有较高的相关性。

（2）游戏的设计和选择要注意学生的兴趣和偏好。

（3）在开展游戏的时候，鼓励学生要尽力而为，队友之间要形成良好的合作。

（4）在游戏过程中，教师要扮演好"警察"的角色，对于犯规的学生要给予一定的惩罚。

（5）游戏结束后，体育教师要问问学生的感受如何，同时对学生的表现给予中肯全面的评价。

（6）在整个游戏教学的过程中教师要提醒学生注意安全，提醒并禁止具有安全隐患的行为。

8. 竞赛教学法

竞赛教学法就是通过组织各种比赛来促进体育教学的一种方法。竞赛教学法可以提升学生各方面的综合能力是一种比较理想的训练方法和教学方法。具体来说，比赛可以增加学生运动技能的实践经历，使得那些高难度的动作和技战术不是纸上谈兵，同时还可以锻炼学生的团队协作能力，以及面对突发状况的心理调适能力和应对问题的能力。关于竞赛教学法，

---

① 刘河杉. 体育教学创新中游戏教学法的植入研究［J］. 中国教育学刊，2018（S1）：63.

其应用有如下注意事宜：

（1）合理分组。各个对抗队的人员实力要处于不相上下的水平，这样才能通过激烈的竞争获得共同的提高。

（2）客观评价。教师要密切关注学生在竞赛过程中的表现，既要从整体上把握，又要看细节的处理，只有做到这一点才能给学生以最客观和中肯的评价，从而使学生能够清晰地意识到自身的优势和不足，促进他们获得进一步的提升。

（3）竞赛教学法的前提条件是学生对于运动项目有一定深度的理解，并且已经熟练掌握相关的技术动作，这样可以有效避免出现由于不熟练带来的运动伤害。在这里，我们只列举了一部分的体育教学方法，对于每一位体育教师而言，不能仅限于某一种教学方法，而是应当不断地尝试和学习新的教学方法，并结合教学的实际情况科学、灵活地选择和组合。这样可以显著提高体育教学的质量。

（二）传统体育运动学法

1. 自主学习法

自主学习法是指学生主动发现、分析、探索，独立自主地进行体育学习的方法，但这并不意味着学生可以完全脱离教师的指导，而是要在教师一定的引导下开展的自主性学习活动。体育教师指导学生进行自主性的体育学习，应当要注意以下几方面。

（1）难度要适当。由于是自主性学习，学习过程以学生自己思考与探索为主，这对于学生来说并不是一件轻而易举的事，因此教师要注意根据学生的年龄阶段、认知特点，为学生选择难度适当的学习内容，保证具有一定的挑战性，但又不至于无法完成。

（2）明确学习目标。教师要为学生的及自主学习制定一个清晰的学习目标。通过这个学习目标学生要清楚地知道自己要完成的任务是什么，通过自主学习学生需要解决哪些问题以及要达到什么样的水平。

（3）学生要参照学习目标，在学习过程中学会自我调控，一是对学习过程有一个整体的把握，二是要学会积累各种学习方法，并思考学习方法与运用场景之间的联系，三是要有创新思维，在对具体情境进行较为客观的基础上将已有的知识进行迁移和组合，从而创造出专属于自己的新策略。

（4）教师要对学生的自主学习给予适当的辅助与引导。学生的自主性学习并不是放任不管的无组织的学习，相反它更是一种有计划、有目标的学习过程，在这个过程当中教师要关注学生的学习进度，如果出现不妥当的情况，学生的学习路径或思考方式与学习目标发生偏离就需要及时给予纠正。

2. 合作学习法

合作学习法就是指在学习的过程中国强调合作的重要性，强调学生之间的相互帮助和配合，通过合理地划分工作任务和相应的责任，最终能够共同圆满地解决问题，达到学习目标和任务。

（1）确立学习目标，通过该合作式学习预期要达成的效果是什么。要重点培养学生在哪方面的能力。

（2）将全部的学生分成实力相当的小组，依据任务的特点，注意将不同性格、性别、特长的学生的合理搭配，以促使学生之间的相互取长补短。

（3）确定小组研究课题，引导学生合理地进行组内分工，并探讨如何提高全组的整体的学习效率。

（4）完成小组学习任务。

（5）各个小组之间进行学习和交流，分享各自的经验的心得，通过交流和分享各个小组可以相互学习，发现自身的优势和不足。

（6）教师关注、监督和评价学生学习的过程，并帮助学生一起做好学习的总结。

二、新型体育运动教学方法

（一）娱乐教学法

增强学生体质是学校体育教学积极效应的重要方面，这一点似乎是毋庸置疑的，但是在现实的教学过程中仍然有相当一部分学生对体育课堂的学习显得不感兴趣，所以不能积极主动地参与到体育活动当中来。现实当中的体育课往往是教师一味地讲解和示范技术动作，学生一味地模仿这些技术动作，单调乏味，缺乏变化和吸引力的体育课程无形之中就成为学生想逃离却又不得不接受的存在。

因此，为了激发出学生对体育课的兴趣，更好地焕发出体育运动本身具有的独特魅力，就必须要改变过去单一的教学形式，积极采用娱乐教学法，重新编排和组织体育教学内容；在娱乐教学过程的设计上，体育教师也需要下功夫，积极探寻每一堂课教学内容当中的娱乐性成分和娱乐性元素，或者考虑如何将娱乐性元素如游戏、音乐、竞赛、趣味性道具的使用等穿插到体育教学过程当中。当然，该做法会给教师的工作带来一定的负担和压力，但可以充分展现出体育教学内容的丰富性和趣味性，只有当学生的学习兴趣提高了，学生的学习效率就会随之得到提高。需要注意的是，在该方法的使用中要避免走纯娱乐的另一个极端，如果失去了培养学生强健体魄和学习能力的本质任务的把握，那将是得不偿失的行为。

（二）成功教学法

成功教学法就是按照学生的接受能力，将教学的技术动作的就精华部分提炼出来，适当降低其整体的难度，鼓励学生凭借自己的意志力和理解能力顺利完成动作的学习。在该过程中，学生通过对技术动作的顺利完成体会到成功给自己带来的舒畅感和快乐感，这是任何外来的鼓励都无法比拟的，由此，学生对于体育学习的信心大增，坚信自己可以学习好其他的体育运动技能。

在一些对于体育学习丝毫不感兴趣的学生的了解中，发现相当一部分学生是由于自己的体育运动的表现不够好，与其他同学比起来差距较大，由此内心对体育课程的排斥心理就越来越严重，而通过成功教学法可以重新燃起学生对于体育学习的信心，培养他们坚韧不拔的意志品质，形成正确的学习动机，这对于运动技能的提升是非常有益的。

（三）探究教学法

探究教学法就是指教师着意引导学生在教学过程中发现问题、分析问题，最终提出可行性方案而解决问题的一种教学方法。通过该教学方法，学生在探索和分析的过程中不知不觉地掌握了相关的知识和技能，同时培养出了高超的洞察力和知识迁移的能力。探究教学法符合现代教学教育理论以及以学生为主体的教学理念，因此越来越受到体育教师的重视。

在探究教学法的应用过程中，探究的目的要明确。教师要提前确认研究计划，确保体育教学目标的实现。探究的目标模糊或者实际的教学与探究的目标相背离，会造成无效的教学，浪费师生的时间和精力。

探究的内容和主题要和学生的运动水平以及他们的认知能力相一致。教学内容太简单的话，学生会感到没有激情和挑战性，继而产生无聊的感觉，内容难度设置太过于高深，又会打击学生对于体育学习的自信心。因此教师要深刻理解这一点，引导学生做难度适中的探究性学习。对于一些难度偏大的探究性客体，学生通过努力仍然没有较为理想的思路的时候，教师要适度地启发和鼓励。

（四）微格教学法

微格教学法指的是一种为了将枯燥的体育理论知识变得形象生动更具有吸引力，而采用一定信息化技术手段的教学方法，具体而言就是利用录像、音频等手段建造一种可操作可调控的体验系统，学生通过该体验系统进行体育理论的学习可以对体育知识和动作技能产生清晰明了和感性深刻的认识，从而大大提高他们的体育运动技能。在体育教学中使用微格教学法的具体步骤如下。

1. 提前准备好课件

教师需要在上课之前课前对视频进行剪辑处理，并制作成教学课件以应用于体育教学，将信息化技术应用于体育教学可以使得教学内容更加丰富和形象，这对于调动学生的学习主动性具有积极的促进作用。

教师在讲解了基本的体育理论知识之后，将视频或音频课件向学生展示出来你，通过这些具有感性化的视听材料，学生对于体育知识和动作技能的理性认识会逐步加深，从而可以从根本上提升学生的体育运动技能。例如在篮球技术的教学过程中，教师可以在上课之前搜集一些著名的篮球明星是如何完成这些技术动作或者战术配合的，然后将其剪辑成教学课件，学生通过这些是视频，便于对技术动作的深刻理解，加上是有关自己敬仰的篮球明星的"示范"，这对于提高他们的信心和信任度都是极为有利的。

2. 以学生为主体，安排教学内容

这里主要是指教学内容要考虑到的学生的发展方向以及关注学生本身的兴趣所在。一方面微格教学在教学内容的选择上应当要有针对性，要着重培养学生将来的专业或岗位所必需的素质和能力；另一方面教师也要注意学生的时代特征和个性化特征，尽量选择具有典型意义和在学生群体中普遍受欢迎的体育教学内容。与此同时，体育教师还要注意在体育教学过程中给学生留下一定的思考的时间和空间，引导学生做进一步思考和探讨，让学生在和谐、温馨、互助的学习氛围中感受到体育学习的乐趣和意义所在。

3．播放视频和反复训练交替进行

（1）在进行教学示范时，教师可以通过高水平运动员的示范录像，方便学生形成技术动作的感性认识以便于模仿训练。

（2）老师在采用微格教学法时，还可以结合多种体育教学方，比如选择用直观教学法和分解教学法，可以强化学生对于体育技能的理解和训练。

（3）老师安排学生进行训练，当完成一个阶段的训练之后，教师安排所有的学生分批进行演示，同时拍摄演示的视频。

（4）师生一起观看学生的演示视频，针对各个小组和队员的动作技能演示情况，师生一起展开分析和讨论，然后教师要对学生训练的结果做出客观的评价，指出训练过程中出现的错误动作并及时纠正。

微格教学法用于体育教学还有几个需要注意的细节问题：在教学过程中，体育教师可根据体育教学的实际情况选用慢镜头或者回放，以便学生能够看得更加清晰明了；通过自己的演示视频，学生可以自行将其与标准动作做比较从而很容易就找出自己的问题所在；通过师生的评价以及教师的指导，学生可以在分析和比较中找出问题的原因所在及其解决办法。

4．课后进行教学过程优化

课程结束后，体育教师可以反复观看教学的视频，对教学过程中的不足之处进行优化，同时通过微格分析处理也可以达到一定的优化效果。

（五）情境教学法

情境教学法是指在教学过程中，教师有目的地引入或创设具有一定情感的、形象化、具体化的场景，能够引起学生一种积极的反应态度，并吸引他们自觉投入，积极参与学习活动的一种教学方法。情境教学法的主要优势是，可以促进学生对于教材的理解，促进学生的健康心理素质的形成；激发出学生对于体育学习的热情，从而主动、快速地接受教师教授的知识，同时学生的学习效果也会获得较大幅度的提升；情境教学法还可以使学生体验到体育学习带来的快乐和成就感，而且情境教学法多与多媒体教学法相结合，丰富多彩的多媒体画面还可以提升学生的审美情趣、陶冶高尚的情操。体育教学中情境教学法可以采用以下策略以提高教学的效果。

1．充分利用游戏

爱玩是孩子们共同的天性，要让学生学习好前提是要让他们痛痛快快地玩好，再加上体育教学是以身体活动为主要内容的教学，这无疑在客观上为学生的"玩"提供了较好的机会。因此在体育课堂必须要充分注意体育教学的娱乐性，在创设具体的教学情境时可以适当引入多样化的游戏内容，激发出学生的学习兴趣，激励学生在体育学习和练习的过程中克服各种心理障碍，学生在挑战成功之后将会逐渐形成稳定健康的体育价值观，从真正意义上体育课和体育锻炼。

比如在障碍跑的课程学习中，经常会有学生不敢进入实战阶段，导致课堂无法顺利进行。因此针对该情况，教师可以在障碍跑的终点处设立一个领奖台，鼓励学生为了拿到奖品努力克服面前的困难。在游戏结束后，对于那些能够克服心理障碍、努力达到目标的学生，教师要予以表扬，对于不够规范的动作要及时纠正，通过这样的方法，学生的克服困难的能力得到锻炼，参与积极性得到提高，同时他们动作的准确性也得到了提高。

2. 教学情境创设与音乐相结合

人们常说音乐、体育和美术是一家，这主要是说它们都具有一定的艺术性，具有较高的美学内涵。尽管如此，在实际的体育教学中，这一点好像经常被遗忘了。情境教学就是体现体育教学的艺术美的最好的方式之一，同时我们也要注意到将音乐等元素引入到情境教学可以发挥出情景教学的实际作用。

同样的训练内容没有音乐和加上音乐的配合获得的教学效果是完全不一样的。有音乐配合的体育训练，使学生置身于音乐美的环境中，此时的体育训练不再是一种负担而是变成了一种美的享受。此外音乐的选择也很重要，在身体训练时可以选择激情一点的音乐，促使学生保持较好的精神状态；当训练完毕需要休息的时候则应当选择一些比较舒缓放松的音乐，使学生的身体和心情得到全面的放松和休息。

3. 运用语言创设教学情境

在传统的课堂，也有教学情境的创设，并且也获得了不错的效果，这主要是因为课堂语言具有独特的魅力，体育教师可以通过生动的、丰富的、具有鲜明特色的语言表达方式和风格将教学内容故事化、情节化、夸张化，语言表达中的情境同样可以给学生带来美好的学习体验。

因此在体育教学的过程中，教师要记得语言也可以创造出有意思的、独具一格的教学情境。同时，体育教师也要注意转变固有的思想观念，不断创造出具有新意的情景教学模式，从而促进体育教学事业能够不断地向前发展。

（六）分层教学法

分层教学法是指在实际的教学中，由于学生的学习基础以及自身的认知能力处于不同的水平，故而设定了不同层次的教学目标和教学任务，以防止有的学生"吃不饱"而另一部分学生又学不会的现象出现，同时还可以大大提高整体的教学水平。

1. 对教学对象进行分层

在分层教学法中，首要的任务就是将所有的教学对象科学合理地分层，要实现这一点，教师可以通过体能测试等办法来了解学生的综合体质，还可以通过问卷咨询、实际练习和竞赛的方式来测定学生的运动技能水平层次，只有对学生的情况都考察清楚并以此为依据来才可以对学生实施分层教学。在分层教学的过程中也要注意观察学习的进度以及学生对知识和技能的吸收情况，同时还要和学生保持沟通，倾听学生的心声，及时调整教学的方案。当然也可以按照其他要素和标准来分层，比如学生的兴趣爱好等，只要运用得当同样也可以获得不错的教学效果。

2. 对教学目标进行分层

如果教学目标设置难度过低，学生就会觉得毫无吸引力，感到枯燥无聊，注意力也无法集中；教学目标如果设置过高，学生就有可能无法跟上教学的节奏，最终也达不到预期的教学目标，严重的话还会打击他们对于体育学习的自信心。因此，体育教师一定要注意教学目标的科学分层，这样各个层次的学生都能够展现出比较理想的学习状态，促进他们在各自所处的层次水平尽自己最大的努力，最终实现共同进步。

3. 对教学内容进行分层

教学内容的合理分层对于教学目标和教学任务的完成具有重要的意义，也是有效提高教学质量的关键性因素。对教学内容的分层，主要体现在教师要根据学生的不同的情况安排不同难度和种类的教学内容。比如，对于身体素质较好的、运动技能水平较高的学生可以适当提高其学习内容的难度，这样可以激发学生对知识的探索欲，以帮助他们达到更高层次的学习境界；对于基础较为薄弱，身体素质偏差的学生，可以分配一些较为简单的练习内容，主要目的是逐步提高其体能素质水平，同时还要使其保持学习的兴趣和信心。由此可见，通过安排分层式的教学内容，可以促进每一位学生都获得相应的进步，从而可以提高整体的教学的效果。

（七）逆向思维教学法

逆向思维教学法是指以与常规思维相反的思维方式来开展教学活动的一种教学方法，从常规的思维角度来说，教师一般都会比较习惯按照技术动作自然发生的顺序来进行体育教学，但有时候按照反常的程序来教学反而可以取得更好的教学效果。例如在跳远的教学中，可以先教起跳，然后教助跑和落地动作；标枪的学习，可以先教投掷动作，再教助跑，最后将各个部分组合到一起，做完整练习。此类教学有一个共同点就是把最难的部分放在最前面来学习，这为这部分动作的正确与否对运动项目的比赛成绩起决定性作用。

在体育教学实践中，教师经常会发现学生总是学不会一个看似很简单的动作技能，尤其是当这种问题呈现出普遍性特征时，教师就需要用逆向思维来看待这些问题，因为很有可能问题不在于学生的"学"，而在于教师的"教"，如果教师能够及时地反思教学中是哪个环节出现问题还是整个教学方式的选用不适合。这种"反思"其实也是逆向思维教学法的一种体现。

（八）对分课堂教学法

"对分课堂"是一种教学课堂的新模式，"对分课堂"的核心思想是把一堂课的总时长一分为二，一半用于教师的讲解，另一半由学生自由讨论和自主探索学习。后面的一半时间强调的是学生的自主学习和相互交流，突出了讨论的重要性，这样可以发挥出学生的学习潜能和积极性，自主完成对知识和技能的深化理解，"对分课堂"的应用不仅可以降低教师教学负担，还可以提高教学质量，改善教学效果。实施对分课堂教学法需要注意以下要点。

1. 对课堂时间的合理分配和利用

对分课堂最关键的要点就是要将教师的讲授和学生的交互式学习分开，而且要保证在这两个阶段的中间要安排一定的时间让学生将教师讲授的知识要点和动作技能消化吸收。所以有人将对分课堂称之为 PAD 课堂，这是因为其具有 PAD 这个界限清晰、相互分离却又相互联系的三个过程，即为讲授（Presentation）、内化吸收（Assimilation）和讨论（Discussion）。

2. 对学生进行合理分组

在划分讨论小组的时候教师要注意尽量使各个小组实力均衡，男女生比例要合理搭配。因此在分组之前体育教师对学生的基本情况要做一个详细的了解，既要保证各组实力相当，也要注意任务分配的均衡性，这样一来体现各组之间的公平竞争，制造出一定的悬念，激发学生学习的动力的潜能，男女生的合理搭配，在完成任务的过程中还可以起到性别特性互补的作用，使体育课程更有激情，也能产生更好的学习效果。

3. 宣布任务之前要做好引导和启发的工作

也就是说教师在布置一个具体的任务之前要对任务的要求进行详细的讲解，并启发学生学习讨论的思路，促使学生对学习任务有比较全面和深刻的理解。体育教师要让学生对整个学习的重点和难点都有所了解，同时也要对本次课程的目标和内容也有所把握，让学生在相互沟通、交换意见之前先想一想如何才能够更好地实现任务目标。

4. 给予学生平等的表现自我的机会

给予学生平等的表现自我的机会，同时注意要让所有的学生都能够清楚地观察到他们的展示。通过随机抽查和预先制定的量化标准基本可以对分课堂的实际学习效果做一个客观公正的判定。主要环节设置合理，学生的表现遵循流程安排，一般的话可以获得比较理性的效果，但是不能排除会有个别的小组偏离主题，教师要及时指出来，并给予合理化的建议。通过同时学生发言，不仅可以锻炼发言人本人的表达能力，教师还要注意引导全体学生一起分享其中的闪光点，让学生从别人的优秀表现中得到相应的启发，从而赋予了学生的自我展现以深刻的意义。

在对分课堂教学中，体育教师要提醒学生在开展讨论的过程中要以主题内容和教学目标为中心，以防止剑走偏锋，脱离主题而造成无谓的损耗。也就是说教师要主动承担"总导演"等角色，为学生提供适当的指引和指导，以提高学生的学习效率。

第三节　高校体育教学方法体系与选择

一、高校体育教学方法的体系构建

（一）体育教学方法体系构建的理论依据

在体育课程改革的过程中"目标统领教材"是一个重要的指导思想，其要求是依据教学目标来选择体育教学内容。教学内容涉及的不仅仅有教师所教授的知识和技能，同时也包括有观念、思想、行为和习惯等与学习能力相关的种种要素。这也就是说学生的学习过程就是将教师所教授的内容内化为自我的知识体系和心理体系的一个过程。这个过程不会自动地发生，需要教师通过一定的教学方法才能够得以实现。按照体育新课标的具体要求，我们可以得知对于体育教学方法的选择要视学校的具体情况和学生的身心发展特点而定。

传统体育大纲对体育教学目标、内容和考核的标准等方面都有明确规定，但是基本上是千篇一律的，其问题主要在于忽视了各个地区在自然环境、城乡差异以及文化差异以及经济发展水平上的差异性。而且也没有关注过学生的兴趣爱好、个性特征以及他们的体育基础。在实际的教学过程中一味地使用讲解和动作示范等单一性的体育教学方法，导致学生缺乏对体育运动的深层次的理解。

依据学习内容性质的不同，可以分成 5 个主要的体育学习领域，但是能通过与该领域的目标的相互渗透和影响，形成一个"目标—内容"关系，即目标决定内容选择，内容选择促成目标的相互关系。此外，新课标还将体育教学内容的学习水平分成了 6 个等级，并且对每一级的水平目标都有明确的定义，从而体现出了体育教学的特殊性。

因此，新课程标准的 5 个领域和 6 个等级的确立，可以对学校体育教学方法的选择提供一定的理论指导，促进了"目标—内容—方法"教学范畴体系的初步形成，在这样的一个体系的指导下，不同的地区、不同学校在选择体育教学内容和方法的时候就有了具体的参考和选择的空间。

（二）基于新课标的高校体育教学方法体系构建

新课改最大的特色就是学生的学习方式发生了巨大的变化。具体而言就是摒弃了过去那种纯粹的接受式的、被动式的学习方式，取而代之的是体现学生主体性的、主动式的、具有探索性的、研究性的学习方式的提倡和建立。

要彻底实现这一转变，教师的努力起着举足轻重的作用。其主要体现在三个方面：① 了解学生在兴趣爱好、个性特征、学习能力等的具体情况；② 充分考虑学生的年龄特征及其身体生长发育的规律；③ 为课堂师生的互动提供广阔的空间。

因此在实践中必须要建立起一个新的、完善的教学方法体系以适应新课标的要求，新时期的体育教学要遵循体育教学的本身的客观规律，结合具体的教学内容，按照标准划分的 5 个领域和 6 个级别来构建出新的体育教学方法体系。6 个水平目标级别是在 5 个内容领域划分的基础之上确立的，它们共同决定了体育教学方法的选择。也就是说在体育教学实践中，每堂课都是根据目标来确定内容的，其所包含的 5 个内容领域都有着其各自不同水平的目标，体育教师依据其各个领域的水平目标值来选择最具有科学性和合理性的体育教学方法。

二、高校体育教学方法的选择依据

目前，各个学校在开展体育教学时所采用的方法十分丰富多样，且各具特点。要想将教学方法的价值真正发挥出来，各个学校体育教师就一定要重视对于教学方法的选择。具体来说，学校体育教师为体育教学挑选方法的标准主要有以下方面。

（一）依据教学目标进行选择

根据教学目标、教学任务的不同，教学方法在选择上也会存在一定差异性。目前各个学校体育教师为体育教学选择教学方法的主要依据是体育教学目标。具体来说，体育教师在基于体育教学目标来选择体育教学方法时，需要注意如下事项：

第一，体育教师一定要基于体育教学的总目标，来选择体育教学方法，以此来确保不管是每次课的教学目标还是总体教学目标在最后都能实现。

第二，体育教师在选择教学方法时，一定要基于本次课的教学目标，来选择合适的教学媒体以及方法。

第三，体育教师在选择教学方法时，一定要注意将教学目标进行细化，据此来对于教学方法加以确认，最终确保每一个小目标在最终都能实现。例如，出于组织学生对于课堂所掌握的体育技能进一步加以巩固，体育教师可对应地采用练习法、比赛法等。又如，出于引导学生学会新技能的目标，体育教师应该多运用讲解、示范、分解、模仿等教学方法。

第四，在当代社会，体育教学总目标为"促进学生体魄强健、身心健康"。学校体育教学在选择方法时也因为基于此进行，决不能只为一时的收益，而放弃长远利益。

（二）依据学生特点进行选择

体育教学所面临的群体主要是学生。如果没有学生，体育教学将会失去其存在的意义。具体来说，体育教师在选择体育教学方法首先需要考虑的是，这一教学方法是否有益于促进学生体育学习，所以一定要基于学生群体的实际需求以及特点来选择具体的教学方法。这要求体育教师既要关注学生的群体特点，又要关注学生的个体特点。具体来说，体育在基于教学对象即学生的特点来选择教学方法时，应该重点关注如下两点：

第一，就学生这一群体所具有的特点来说，体育教师一定注意把控这一群体的共性，据此来选择体育教学方法。例如，低年级学生定性较差，爱玩，体育教师就可以在教学过程中多采用游戏这一方法进行教学；高年级学生的专注力更加持久，也有了思考能力，所以体育教师可采用探究、发现法教学，引导学生在自主探究以及解惑的过程中一步一步地培养起参与体育运动的习惯以及意识。

第二，就学生这一群体的个体特点来说，体育教师应该注意关注学生与学生之间的不同，并据此来安排教学方法。

（三）依据教师条件进行选择

在体育教学活动，体育教师不光是组织者、指导者，还是安排者、选择者、实施者。因此，体育教师在选择教学方法选择也同样应该对于自身的相关条件进行考虑，具体要求如下：

第一，体育教师在选择体育教学方法时，应该注意考虑该方法是否能适合自身。换句话来说，体育教师应该考虑运用这一方法是否可以将自身的素质水平、知识结构、教学能力与经验发挥出来，保证教学得以顺利进行。

第二，体育教师在选择体育教学方法时，应着重研究这一教学方法是否和教师的教学风格、性格特征契合。

第三，体育教师在选择体育教学方法时，应该与本次课教学目的以及课堂控制进行结合。

总而言之，体育教师在为学校体育教学选择教学方法时，一定要注意基于自己的特点来选择教学方法，以便扬长避短，使教学方法更具针对性。

（四）依据教育理念进行选择

在选择教学方法这一过程中，教学理念具有重要指导作用。具体来说，体育教师在为学校体育教学选择方法时，应在最新体育教学理念的指导下进行，需要遵循如下几方面。

第一，现代体育教学深受素质教育的影响，强调以实现学生身心健康全面发展作为目标。对此，体育教师在为学校体育挑选教学方法时应坚持"以人为本"，始终都坚持将健康这一理念放在学生体育参与与学习过程中，这除了有益于保障学生可以积极主动地参与到体育学习之中，还有利于学生的"终身体育"意识的形成。

第二，体育教师在选择体育教学方法时，应该坚持以学生为主，根据学生实际需求来选取教学方法，进而确保学生的积极主动被充分激发出来。

第三，体育教师在选择体育教学方法时，应该注意强调对于学生体育意识的培养、体育能力的提升，进而来为其在走出校门、走向社会后继续参与体育奠定扎实的知识与技能基础，保证其在未来发展中可以主动参与体育运动。

（五）依据教学内容进行选择

学校体育所涵盖的教学内容十分丰富多样，为了能够保障学生很好地掌握了这些教学内容，学生需要据此来选择特定的教学方法，这样才能确保整个教学得以顺利进行，学生得以深入地掌握教学内容。在学校体育教育教学系统中主要有两个构成系统——教学内容、教学方法，二者彼此之间存在十分紧密的联系。因此，教学方法在选择时一定要重视对于教学内容的考虑。操作要求，具体如下：

第一，体育教师在选择体育教学方法时，一定要重视教学方法的实用性，即保证其可以切实可行地在体育教学中加以运用。例如，体育教师在教授技术动作时，应该运用主观示范法来为学生讲解该技术动作；体育教师在讲授体育原理时，应该运用语言讲解教学法来按照一定逻辑逐步为学生解释该原理，让学生得以真正理解以及掌握。

第二，体育教师在选择体育教学方法时，应该注意基于教学内容的表现方式来进行选择，以此来保证学生以极大的热情尽快掌握该种教学技术。例如，图片展示这一方法具有直观性、便捷性，多媒体教学这一形式具有生动性、细致性，不同的方式具有不同的特点，学生可以根据实际内容选择适合的教学形式。

（六）依据教学环境与条件进行选择

体育教师在选择体育教学方法时一定要综合对于整个教学活动牵涉到的教学因素进行考虑。其中，尤其要重视对于客观教学环境与条件的考虑。

具体来说，教学环境不仅包含场地、器材还包含班级人数、课时数等。与此同时，外界社会文化环境的好与坏也会对教学环境产生十分重要的影响。体育教学条件包含体育教学的硬件条件、软件条件等。

体育教学环境以及条件在开展学校体育教学活动的实际过程中人的主观意志的影响会对教学方法的选择产生十分显著的影响。体育教师在选择教学方法时，除了需要关注这些客观教学环境因素之外，还需要对于某一种教学方法所需要必要的客观环境和条件加以充分考虑。

第四章 现代高校体育教学设计及课堂评价

第一节 高校体育教学设计的程序与要求

一、高校体育教学设计的程序

高校体育教学设计的过程需要设计者深入理解体育教学系统，需要以体育基础理论和体育教学理论等为指导，更需要学会运用系统方法。总之，体育教学设计的程序大致可以分为三大步骤：分析、设计、评价，如图4-1所示[①]。

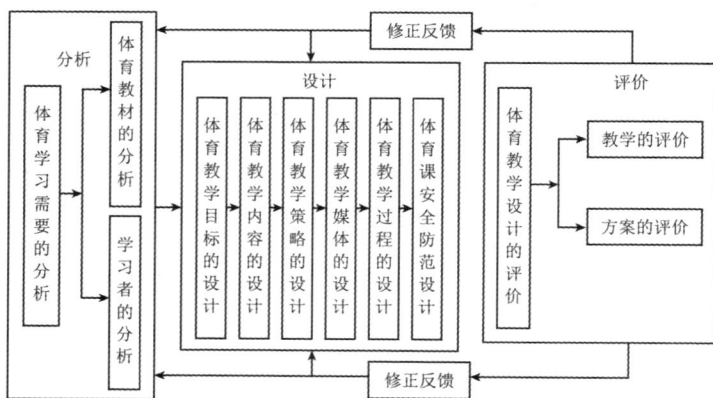

图4-1 体育教学设计程序流程图

---

① 杨雪芹，赵泽顺．体育教学设计 [M]．桂林：广西师范大学出版社，2014：46.

从图 4-1 可以清楚地看到体育教学设计的三个阶段，即分析阶段、设计阶段和评价阶段，三个阶段清晰地呈现了体育教学设计的程序和主要内容。其中分析是设计的基础，重点解决设计过程中决策的依据，为"为什么要这样设计"寻找充分的理由；设计阶段是教学设计的核心和关键，其中涵盖对体育教学系统主要要素的设计和教学策略的总体规划，为"如何设计"探寻方法，是设计者集合教育教学思想、专业知识和能力、教育教学经验，个性化地探索解决教学问题的具体方略的过程，是凸显教学方案设计质量的关键环节；体育教学的评价是教学设计的保障，为"如何改进与完善"提供思路，是修正和优化体育教学方案，呈现设计者提炼的经验，提升设计者的反思能力，提高设计者反馈信息和设计能力的重要过程。在实际操作过程中，我们要注意评价的反馈不仅返回到设计阶段，还返回到分析阶段，三个阶段相互联系，相互影响，循环往复，为设计出优质的教学方案服务。

二、高校体育教学设计的要求

体育教学不仅仅是体育课程计划所规定的内容的传递过程，更是成为教师和学生共同参与生成和创造的灵活的活动过程。正确把握体育教学过程中的基本问题，认识和理解体育教学设计的要求，是我们做好教学设计的关键。

第一，坚持"健康第一"的"魂"，注重学生的全面发展。新课程确立了"健康第一"的指导思想，从人本主义出发，超越了原来狭隘的健康观，尤其是把过去那种体质观混同于健康观的认识转向科学的健康概念，并融入体育课程整体目标中；把营养与饮食、生长与发育、卫生与保健、身心健康关系、社会适应等增进健康的知识和方法有机地渗透到教学实践过程中，让体育课堂成为学生积极进取、自主创新、健康成长的乐园。

第二，设计课堂教学的"点"，包括理念点、目标点、技术要点、教学重难点。

理念点，就是一堂课的教学中教师想重点贯彻落实的行动方向。教师不仅需要把这种理念体现和设计到教学方案中，还需要积极创设活动或教学场景，将理念转化为一种活动实际行为或可以操作的教学活动。如培养学生的合作意识可以通过"两人携绳跑"来体现，即两个学生一起拿着绳子的一端，要想跑得快，必须相互协调，相互照应。在这个过程中，学生与学生之间的合作意识、团队精神肯定会油然而生。

目标点，就围绕大目标从子目标入手，子目标就是其他学科说的知识点，知识点落实了，目标也就落实了。

技术要点，主要是根据教材本身的动作结构和动作要点确定的，是长期以来从不同运动项目的教学与训练中总结提炼出来的，在运动技能教学和练习中需要被关注。

教学重难点，它是可以变化的，一节课要解决什么问题，要由具体的教学目标、教学对象、教学环境等情况而定。面对学生的千差万别，制订的教学重难点不可能采取齐步走或一刀切的办法。

第三，形成整体设计的"链"，环环相扣，为目标实现服务。我们认为一堂完整的体育教学课，从上课铃声响后教师讲的第一句话就开始为本课教学目标服务了。课堂中设计的导入、热身、准备、进行和结束等都是为目标而服务的，要求环环相扣，形成贯穿课堂教学的"链"，从而形成一个系统的整体。

第四，突出教学中的"变"，实现教材的生动、教法的创新。体育教学中的个性更多是基于不同体育教师在教学中对"如何教"的独特思考及具体教育教学智慧或谋略的应用，这使各级各类学校体育教育中的体育教学内容、策略、环境、过程及评价等方面呈现出五彩缤纷、变幻莫测的趋势。一些富有创意的运动已经成为学生重要的学习内容。

第五，搭建学生发展的"台"，提供学生尝试、讨论与发展的平台。体育教学需要在设计活动和教学实践环节给学生搭建不同的平台，真正体现教师的"导演"角色和学生的"演员"角色。通过设计不同的演出或练习场景，帮助学生习得体育文化知识、技能，获取运动的经验、感受，领悟师生活动中的情感变化和社会化过程，养成正确的体育态度和价值观等。如教学"障碍接力跑"，即教师为学生提供5件体育器材（跨栏架、体操凳、体操圈、小垫子和4块小木块），让他们在篮球场地上完成跑、跳、钻、滚翻等练习。学生分成4个小组，围绕学习内容展开讨论，然后自己分工布置器械、场地，形成最佳的运动方式和运动路线。同时，给学生挑战的机会，让他们自主构建一个自我展示的舞台。在这个舞台上，学生可以当小老师，成为课堂的主人。在一定自由空间的合作学习中，教师为学生提供了充分展示自己才华、发掘自己潜力的天地；帮助学生组织调配、相互交流、合作竞争、想象创造等，为学生综合能力的提高提供了有利条件。

第六，贯穿教学活动的"趣"，诱导、激发、保持和促进学生的运动参与。

"趣"是体育课堂教学的生命线，是教学设计和实施的刺激点。其要求教师从研究教材与教法，设计活动内容与运动场景，促进师生、生生的交互，善用教学媒体，优化教学环境，体现教学评价对学生的激励与促进等各环节帮助学生感受运动乐趣，保持运动兴趣，形成运动特长，继而养成体育锻炼习惯；循循善诱，引导学生最终喜欢体育课，乐于参加体育活动，让体育融入学生的生活中。

第七，把握课堂教学的"度"，包括难度、深度、广度和跨度。在体育教学中，我们需要深入了解教学实际，特别是学生体育学习行为的准备情况，这包括学生的体育态度、体育认知、身体健康状况、运动技能与经验基础等；为不同的教学对象提供适宜难度、深度、广度和跨度的教学目标、内容、技能要求、体能状况、活动强度与密度以及考核评价标准。

第八，调节课堂教学的"情"，帮助学生感受和学习情绪情感管理。在体育教学中，教师投入的热情、激情是一堂课中学生学习状态的催化剂。教师和学生在课堂学习活动中能否积极、主动、愉悦与课堂的"情"密切相关。教师在方案设计中需要规划师生在不同活动中情感的激发与保持以及情绪的调节与控制。教师可以通过多种方式如制造各种气氛、与学生一起活动、参与学生的游戏与竞赛等方式感染学生的情绪，把学生内心深处的情感调动出来，让学生与学生、学生与教师之间的情感激发出来。如通过游戏活动中学生之间互相关心、帮助、认同、赏识等行为，以及各种不良情绪、情感的冲突、调适等，强化情绪情感的管理。

第九，充分利用教学的"时"，通过善讲、精讲加强信息交流。无论哪个学科的学习都要进行反复的练习，通过练习使已经学到的知识（技能）变得熟练和得到内化提高，体育课也是如此。体育教师在课堂教学中首先要善讲，突出重点，层次清楚，语言生动，帮助学生领会教学常规和教学要求，获取教学信息和学习指导。精讲多练是保证体育教学中学生有足够时间体验、获得和提高运动技能的关键。因此，教师必须吃透教材，充分了解学生的接受能力，有的放矢地进行教学，充分利用教学的时间，提高教学的有效性。

第十，关注课堂教学的"量"，包括教学容量、课的密度和强度。体育教学设计和教学实践中"量"的规划和调整是决定教学成败的重要方面。因此，在设计和实施过程中，我们要根据教学目标、学生实际和教学媒体，适量地设计教学内容；依据学生的体能状况，计划和控制课的强度。此外，要充分关注学生的健康、知识、技术技能、体能、学习能力等方面的差异，课堂教学中要把握好"量"的问题。

体育教学设计必须从系统论的角度出发，在现代体育教育思想的指导下，全面分析体育教学系统中的各组成要素，对整个系统的结构和教学过程的各个环节进行优化组合，力求使各组成要素充分发挥自身的作用，朝向特定的目标，达成最理想的整体功能。教师作为一个协调者，协调着各种关系，遵循上述要求，才可能设计出较合理的教学设计方案。

第二节　高校体育教学设计的背景分析

一、体育学习需要分析

体育教学设计是一个解决问题的过程，体育学习需要分析是问题解决过程的起点，即解决教师"为何教"和学生"为何学"的问题。因此，只有深入教学实际进行调查研究，收集大量的资料和可靠的数据，了解教学中存在的问题和问题的性质，理清学生体育学习的各种主客观需要，了解现有的教学资源和教学环境，才能增强设计行为中决策的准确性、针对性和实效性。

学习需要是指在某一特定的情境下，学习者在学习方面"目前的状态与所期望达到的状态或应该达到的状态之间的差距"。目前的状态，是指学习者群体在能力素质方面已达到的水平；期望的状态，是指学习者应具备的能力、素质。就体育学习而言，目前的状态是指学习者在体育方面所达到的水平，而它与所期望达到的状态（教学目标）之间的差距指出了学习者在体育素质方面的不足，这也是教学中实际存在和要解决的问题。如教学目标希望90%的学生掌握正确的单手肩上投篮技术，而实际的情况是只有50%的学生掌握了该技术，这就有40%的学生尚未达到期望的状态，这就是体育教学中要解决的问题。

（一）体育学习需要分析的根本目的

学习需要是学生在学习上的实际状况与期望目标之间的差距。这种差距主要体现在学生群体或个体在体育知识、技能、能力、态度等方面与当前经济社会发展对学生提出来的要求之间的失衡，同时也提出了体育教学的任务与目标。体育学习需要分析的结果是提供关于"学习者目前的学习状态和期望的学习状态之间的差距即学习需要"的有效资料和数据，实际上就是分析体育教学设计的必要性和可能性。其主要目的如下：

第一，了解和发现体育学习中存在的问题。

第二，分析产生问题的主要原因，以确定体育教学设计时解决该问题的方法和途径。

第三，分析现有体育教学资源和约束条件，以论证解决问题的可能性。

第四，分析问题的重要性，以确定需要优先解决的体育教学设计问题。

第五，掌握确切的信息，形成切实可行的体育教学目标。

第六，为体育教学内容的设计、教学策略的运用和教学媒体的选择等提供依据。

（二）体育学习需要分析的基本内容

根据体育与健康课程编制的综合价值取向，当前我国体育与健康课程标准的制定既反映了社会发展对体育与健康课程的客观要求，又体现了体育学科发展对体育与健康课程的系统要求，同时还需要考虑对学生的人文关怀，关注学生的主体地位，关注各学段和水平级表现不同年龄学生的共性生理、心理和社会特点。因此，体育学习需要分析的内容主要由依以下两个方面的因素决定。

1. 客观需要

学生生活的社会及其发展变化赋予学习者进行体育与健康课程学习的历史使命和任务，如对身体发展、心理品质、体育兴趣、意识、知识以及能力等的要求，这些要求一般会通过国家性质的体育教学指导文件体现出来。客观需要的重点是社会期待通过体育与健康课程的学习，使得学生在体育能力和整体素质方面达到要求，具体是指人才具有的应付现实社会、职业生涯、生产生活中需要的体育知识、技能和相应的体育行为以及态度、情感和价值观等。通常对学习者的期望由三个因素决定：① 社会发展对学习者提出的要求；② 学习者未来从事的职业对人才的要求；③ 学习者个人的生命、生活、生存和发展的要求。

2. 主观需要

学生个体或群体立足于实际体育教育环境，根据教师、家长和学生本人具有的体育价值观、认知、行为、经验和感受，对体育学习的需求，如丰富活动、锻炼身体、运动情感体验、自我展现、交往需求、挑战自我、愉悦生活、培养兴趣等。通过体育学习需要分析，设计者可以采用多样化的方法，获取学生主观方面的体育学习需要信息；通过汇总、整理、提炼出相应的信息作为具体学习需要分析的主观需求。

（三）体育学习需要分析的重要意义

1. 有利于处理手段和目的之间的关系

在进行体育教学设计之前，我们应该先深入体育教学实践来了解教学中存在的问题，然后通过学习需要分析的逻辑程序即"用问题找方法"来设计体育教学。开展体育教学设计是有效实现体育教学目标的手段，如果体育教学目标的确定脱离教学实际需要，那么为实现体育教学目标而运作的各种手段将不能发挥应有的作用，甚至会产生相反的作用。在实际的体育教学中，人们所关心和研究的往往是如何改进方法、形式、媒体等，而较少考虑所确定的体育教学目标是否符合主客观的实际需要，这是我们应着重解决的一个问题。只有客观地、实事求是地分析学习需要，准确地制定教学目标，并为此采取有效的教学策略，才能取得良好的教学效果。

2. 有利于解决体育教学中的实际问题

发现教学过程中存在的实际问题、弄清楚问题产生的原因并选择最佳的解决方法是教学工作成功的关键所在。体育学习需要分析正是做好这项工作的有效工具。在体育学习需要分析中，只要深入体育教学实际，发现体育教学中存在的问题，寻找产生问题的原因，找到解决问题的方法，就可以有效地解决教学问题。例如，在体育教学中，有些学生的健康状况低于体质健康标准的要求，有的教师希望改进教学方法，有些学生对体育课不感兴趣，学生人数多、场地器材少等问题的存在，就说明有必要通过体育教学设计来解决这些问题。

（四）体育学习需要分析的主要方法

第一，按照体育课程标准形成的目标体系来设计测试或测验的内容、问卷、对话的内容或观察表等。

第二，对施教对象进行相应的测试、沟通、观察，获取相关信息。

第三，通过分析测试内容、问卷、对话或观察记录，获得学生目前的体育基础、能力素质等信息。

第四，根据获得的体育学习需要差距资料，从中找出体育教学中存在的主要问题以及问题形成的主要原因，分析学习问题解决的制约因素。

第五，分析学习差距以及差距产生的原因，为制定科学、合理的体育教学目标提供直接依据。

运用上述体育学习需要分析的方法，可产生两个作用：① 确定了体育教学设计的必要性，即揭示学习者现状与期望之间存在的差距，发现教学中存在的问题，了解产生问题的真正原因、问题的性质等，已经找出了若干个教学问题，必须通过教学设计来解决；② 核实教学问题通过体育教学设计来解决的可行性，分析现有资源和条件是否允许这些问题全都通过设计来解决。此时就要进行可行性分析，必须收集资源和约束条件等信息。资源一般指能支持开展体育教学设计活动和解决教学问题的所有人力、物力和财力，再好的体育教学设计，如果没有相应的资源作保证，也是不可行的。

（五）体育学习需要分析的关键要点

第一，体育学习需要是指体育学习者的差距和需要，而不是教师的差距与需要，更不是体育教学过程、方法和手段的具体需要。

第二，获得的数据必须真实、可靠地反映体育学习者的情况，它包括现在和将来应该达到的状态，要避免从"感觉"需要入手。

第三，要以体育学习行为来描述差距，而不是用过程或手段来描述，要避免在确定体育教学的问题之前就去寻找解决问题的方案。

第四，因为体育学习需要分析是一个永无止境的过程，所以在实践中要经常检验体育学习需要分析的有效性。

二、体育教材分析

（一）体育教材概述

"体育教材是体育人才培养、知识技能传授的主要载体，对体育教学质量建设有着直接且重大的影响。[①]"从构成的角度来说，体育与健康知识、运动技能信息及这些信息赖以存在的体育项目载体是组成体育教材的不可

---

① 易星辛. 我国高校体育教材评价指标体系构建研究 [J]. 体育研究与教育，2021，36（04）：32.

或缺的要素。从教材的功能来看，体育教材是为促进体育认知、技能，学生身体、心理、社会适应能力整体健康目标实现的载体。从表现形式上来看，除以教科书为主体的图书教材、各种视听教材、电子教材以及来源于生活的现实教材外，体育教材最主要的内容是各类运动项目以及各种身体活动方式。

1. 体育教材的本质

"用什么教"和"教什么"是体育教材的两大功能。"用什么教"是体育教材作为媒介的一面，而"教什么"是体育教材作为内容的一面。"用什么教"是对教学素材的选择、加工和处理，"教什么"则是对教材意义的认识和处理。体育与健康课程已经明确了课程的目标体系，为体育课"教什么"指明了方向。因此，教师需要对体育教材进行详尽的分析，剖析各类教材的本质、特性、功能及潜在的教育价值等，最大限度地发挥其在体育教学过程中的作用。例如，"前滚翻"是从许许多多体操动作中选出来的一个有代表性的连续体位变化的体操动作，教师是想通过前滚翻的教学，使学生掌握简单的滚翻动作，同时使学生掌握在紧急情况下落地缓冲的方法，增强学生的方位感和时空感，帮助学生克服心理障碍，培养学生的协调能力等。

2. 体育教材的功能

教材在教学中发挥着举足轻重的作用，随着体育与健康新课程的实施，教材的实质功能呈现出新的转向，这种转向的根本特征是凸显其范例性，即把教材看作是引导学生认知发展、生活学习、身体发展和人格建构的一种范例，是引起学生认识、分析、理解人的健康发展规律，发展健身与健康能力和社会适应能力的中介，是手段或范例。体育教材的功能归纳起来有以下五点。

（1）传递与创造人类丰富的体育与健康文化知识和技能体系。

（2）保障学生整体健康，促进学生全面发展。

（3）引导学生养成健康的生活方式。

（4）引领学生养成良好的生活态度。

（5）从教学系统内部看，教材对教学目标、教师、学生、教学内容、教学环境、教学媒介、教学评价等方面都具有特定的和不可替代的作用。

3. 体育教材的特点

作为体育教学载体的体育教材有其特点。在教学实践中，只有深入地了解体育教材的特点，才能最有效地挖掘其对体育教学目标实现的潜力，也才能灵活地运用体育教材。体育教材具有以下四个方面的特点。

（1）体育教材依托于庞大的运动项目体系。运动项目数量极大，内容庞杂，而且很难归类。人类几千年来创造出的体育运动项目让人目不暇接，不同运动项目的功能和作用存在较大的差异。

（2）体育教材具有"一项多能"和"多项一能"的特点，即同一个教材蕴含着多种教育教学要素，而不同的教材却蕴含着相同的教育教学因素。如为了培养学生的投掷能力，扔纸飞机可以，推实心球也可以，推铅球也行。这个特性使得体育教材中没有什么非学不可和无法替代的内容。

（3）体育教材中不同类别的运动项目都具有各自典型的特点。如篮球和足球的乐趣在于在激烈的直接对抗中运用自己的技术和队友之间的配合将球攻入对方的篮（门）中；隔网对抗类运动的乐趣在于双方队员在各自场地中进行巧妙的配合，通过多次网上往返和争夺后，令对方无法将球击回而得分；野外型运动的乐趣在于获得征服自然的某种能力和智慧，在于在优美或险恶的环境中体验自己的能力并获得征服自然后的超越感。

（二）体育教材分析的实质

体育教材具有特殊性和复杂性，在处理同一个教材时，应允许有的教师这么教、有的教师那么教。如有的教师强调技术，有的注重锻炼身体，有的侧重于了解文化，有的体验乐趣和成功，有的教学习方法或锻炼方法，有的注重学生心理素质的培养和促进学生的社会化等。同时，因为一堂体育教学课是为实现具体的体育教学目标而实施的，所以有必要对体育教材进行分析，充分认识教材作为媒介和内容的整体作用，使体育教学内容的选择能为高效、成功、愉悦的体育课堂教学提供保障。

体育教学设计中的教材分析，分析的是课堂教学的内容。教材是体育素材教材化的产物，而教学内容是将教材进行了教学化处理（或设计）的结果。广义的教材通常是一种贮存状态，而教学内容可以看作是传输状态，教材经过教师的选择处理，被确定为教学内容以后，教师再选择适宜的方法将其传授给学生。几乎任何一项运动都是按单元完成的，单元尽管有大有小，但再小的单元也是由一项运动的多个技战术组合而成的，并被分配到每一堂课的教学之中。因此，教学设计中的教材分析实际上是对单个技术的分析，或是对一节课教学内容的分析，是狭义的教材概念的分析。

基于此，对教材进行分析时，着力点就需要以单项技术为主，而不是大谈某项运动或某类运动。此外，分析体育教材是对学生起始能力变化为终点能力所需要的从属知识和技能及其上下、左右关系进行详细剖析的过程。

（三）体育教材分析的关键

在体育教材分析中，需要思考"分析什么""如何分析""分析到何种程度""分析的关键点应如何把握"等一系列问题。这都是一线教师在进行体育教学设计时需要重点考虑的问题。体育教材分析的关键是紧扣课堂。体育教材分析要与课堂教学的主体——学生、客体——场地器材相关联，脱离学生和场地器材、教学环境与条件的教材分析，是缺乏实效性的教材分析。因为同一个教材，不同的教师和教学对象，不同的教学条件及其教学组织形式将有着较大的差异性，而且教学重点的把握和教学难点的突破也因对象、条件不同而不同，所以，教材分析不能脱离课堂。

（四）体育教材分析的意义

1. 实现教学的有效性

体育教材分析是一项基础性工作，更是一项关键性工作，只有深入全面地分析教材，才能在教学中准确、灵活地驾驭教材，才能真正做到体育教学工作深入浅出、重点突出。对教材进行分析还是正确确定教学目标的前提，教学目标需要通过掌握知识和技能的过程来实现，学习的程度把握有所区别，同样的教材、不同的目标要求也会有不同的教学内容。此外，分析教材更是确定教学重点的依据。教材分析得越全面越深入，教学重点、难点的把握就会越准确。教学重点的确定主要是由教材本身的性质、功能决定的，而教学难点则是由教材的特点和学生学习体育的认知规律、特点、能力决定的。只有对教材有了多角度的认识和了解，才能实现有效的教学。

2. 把握教材的深度与广度

教材分析的深度和广度会直接影响课堂教学的质量。由于教材分析是进行教学工作的一项最基础、最重要的工作，因此每一位体育教师都应该重视。通过分析需要，充分挖掘体育教材的价值，使其更好地为实现体育教学的多种功能服务；有效确定体育教学内容的范围和深度，为因地制宜地设计教学内容提供依据；揭示体育教材的结构以及各组成部分之间的关系，为教学安排奠定基础；提供教师"如何教"和学生"如何学"的原理，为体育教学的策略设计提供依据，为教学目标的高效实现提供支持。

（五）体育教材分析的方法

1. 体育教材特点的分析

体育教材从整体上来看有其自身的特点，与其他学科教材比较而言，学科的特殊性更加突出。从局部来看，各运动项目有其各自的专业特点，与其他项目相比，专业化特征更为明显。就具体的教材而言，从单个技术来分析，首先需要将其置入运动项目之中，包括该项运动的特点、本堂课传授的单个技术的特点等。体育教材特点的分析主要从两个方面着手进行：一是分析该教材内容的优点，如有利于学生体能发展，给学生的创新空间大，对教学场地、器材的要求低，安全性能高，教学组织简单等；二是分析该教材的局限性，如技能学习和掌握的难度大，对学生的体能要求高，趣味性较差，枯燥乏味等。

2. 体育教材功能的分析

体育教材一般都具有多功能性，教材本身也具有其功能的特殊性。体育教学在选择教材时，首先需要考虑的就是教材能干什么，能给学生带来什么，即教材最主要的功能是什么。无论是广义的教材（运动项目），还是狭义的教材（单个技战术或组合），都需要准确把握其功能价值。一方面有助于在教学中采取有效的教学手段，充分地发挥其功能；另一方面有助于选择和搭配辅助教材，以达到使学生全面发展和强身健体的作用。

3. 体育教材重点的分析

任何一类教材，从掌握的角度来看，都会有其重点在教育教学过程中被呈现。通常情况下，把握住了教材的重点，就能把握住教学的关键，对教学目标的准确制定，教学内容的设计，教学策略的运用，教学节奏的把握，教学时间、次数、要求等方面的具体布局才具有针对性。教材重点的分析需要侧重于具体动作技战术的结构、原理和主要动作环节的核心部分；根据体育与健康课程的理念和目标要求，依托具体教材挖掘其主要功能，提炼关键的教育价值。

4. 体育教材中的安全分析

体育就像是一把双刃剑，它有利于促进身体健康、增强体质，同时，一旦把握不好就会带来一定的负面效应。如果教材本身存在一定的安全隐患，但在分析教材时未能引起高度的重视，甚至完全忽略了对教材安全性的考虑，那么在教学中就可能会因教材本身的安全隐患而导致安全事故发生。基于此，在对任何一项教材进行分析时，都不能忽视其安全性。安全性问题，有的是由教材本身的性质所决定的，有的是由该项教材的常规组织形式所决定的。因此，需要对教材的安全性加以充分考虑，力争采取相应措施或办法积极预防和规避体育教学中安全事故的发生与发展。

三、体育学习者分析

体育教学设计是为了有效促进学习者的学习。同时，学习者具有的认知、情感、社会和身体等特征都将对学习过程产生影响。因此，体育教学设计与学习者的特点是否匹配，是决定教学设计成功与否的关键因素。进行学习者分析，是为了了解学生的学习特点、学习准备和学习风格，为后续的体育教学设计提供依据。教学成功的关键不在于教师已经知道"学生不知道什么"，而是在于教师要知道"学生已经知道了多少"。仅仅知道学生在知识和技能方面的起点是不够的，还必须了解学生其他方面的信息。而这种了解学生各方面信息的过程被称为学习者分析。

（一）体育学习者分析的内容

1. 一般特征的分析

体育学习者的一般特征是指对学习者学习体育学科内容产生影响的生理、心理和社会的特点。体育学习者的一般特征会影响体育教学设计者对体育教学内容的设计，影响体育教学目标的确定、教学策略的运用以及教学媒体的选择。教师需要掌握了解体育学习者一般特征的方法：体检、测试、观察、简单访谈、面试、填写学习者情况调查表、开展问卷调查和态度量表调查等。如有必要，可查看学习者的学习档案。

（1）分析体育学习者的生理特点。在学习体育的过程中，除了需要智力的支持外，对学习者的生理方面也提出了较高的要求，因为体育教学是以身体练习为主要手段的一种教学方式。在学习的过程中，要求体育学习者具有正常的身体形态和各器官系统机能，具备一定的体能基础和进行基本体育活动的能力。但由于人体的生长发育具有一定的规律和特点，因此，对学生生理特点的分析主要包括教学对象的生长发育规律以及不同年龄阶段身体素质和体能发展的规律。

（2）分析体育学习者的心理特点。体育学习的过程不仅是身体练习的过程，也是促进学生心理发展的重要途径之一。同时，体育教学活动以其实践性、体验性和表现性的特点对学习者的心理提出了一定的要求。因此，教师需要分析体育学习者的心理特点，这样不仅可以提高体育教学质量，而且可以更好地通过体育教学活动促进学生的心理健康水平，主要从这些方面分析学生的心理特点：个体的认知特点（记忆、注意、观察、想象、思维等），个性的发展特征（兴趣、能力、性格），情感、情绪和意志的发展特征。

（3）分析体育学习者的社会特点。体育学习的过程也是学生社会化的过程。体育教学中不仅存在复杂的"社会关系"，而且需要学习者扮演不同的角色，适应不同的社会模拟场景，这是增强和发展其社会适应能力的重要手段，主要从六个方面分析学生的社会特点：学生的人际交往特点、社会行为特点、社会角色意识、价值观念、团队精神和竞争意识特征等。

2. 学习风格的分析

在各种体育学习情境中，每一个学习者都必须由自己来感知信息，接受体育活动中身体练习的刺激，对信息作出处理、储存和提取等反应，对刺激产生反应、适应。而学习者之间存在着生理和心理上的个体差异，不同学习者获取信息的速度不同，对刺激的感知和反应也不同。要实现真正意义上的区别对待和以学生为主体，必须为学习者提供适合其特点的学习计划、学习资源和学习环境，这是体育教学的理想目标。为了使体育教学符合学习者的特点，需要分析学习者的学习风格。

3. 起点能力的分析

体育教学目标是教学的终点，学生的起点能力是教学的起点。对学生起点能力的分析就是要确定体育教学的出发点。起点能力一般是指学生在从事体育与健康课程的学习前已具备的相关知识、体能、技能的基础，健康状况以及对体育学习内容的认识和态度，这些对教师而言，叫作教学起点。学生起点能力的分析与体育教材的分析密切相关。在体育教学设计中，准确地确定学生的学习起点是提高体育教学过程实效性的重要基础。

在体育教学设计中，学习者起点能力的分析侧重于分析学生的体育与健康知识、技能学习基础，身体健康基础和学生在体育学习方面的态度基础等。具体说来，体育学习者起点能力的分析包括以下四个方面。

（1）对体育预备知识和技能的分析，即了解体育学习者是否具备了进行新的体育学习所必须掌握的知识和技能，这是从事新体育学习的基础。

（2）对学生的体能和健康状况进行分析，了解学生的身体机能、身体素质和健康状况是否适应未来的体育学习。

（3）对体育目标知识和技能的分析，即了解体育学习者是否已经掌握或部分掌握了体育教学目标中要求学会的体育知识和技能。如果已经掌握了部分体育教学目标的知识和技能，就没有必要针对与该部分相对应的体育教材内容进行教学，以利于在确定体育教材内容方面做得更有针对性。

（4）对学习者体育学习态度的分析，如是否存在偏爱和讨厌心理等。可以通过观察、谈话等方式来了解学习者的态度。

4. 学习情况的分析

（1）学生基本信息的分析。学生基本信息包括学生的年级、人数、性别等基本固定的信息，这些信息将给组织教学工作提供重要的参考。因为从年级信息中可以了解学生所在年龄段的生理、心理特征的普遍性。人数对分组、选择练习方式以及场地器材的准备与布局将起着重要的参考作用。而性别在教学内容的选择上以及组织形式上都起着重要作用。对学生基本信息的分析，需要做到客观、到位、准确，因为不同的教学对象的基本信息不同，则教学内容的选择、教学方法的确定、教学组织形式的安排等也会有一定的差异性。但分析时，除了就此类信息进行分析外，还有必要与课程标准、教学内容等关联起来进行分析，否则，就会与具体教学实践相脱离。

（2）学生体育兴趣爱好的分析。学生在体育方面有没有兴趣爱好，如果有，是什么样的兴趣爱好，兴趣爱好达到了何种程度，兴趣爱好的广泛性等是进行学情分析不可缺少的核心要素。就一节课而言，一般先分析学生对教材内容的兴趣、喜爱状态，主要分布在男生还是女生中；进而再分析兴趣爱好的来源，是源于课堂教学的学习，还是源于课外活动的积累，还是学生间的相互影响等。掌握了兴趣及其来源，教师在安排教学工作时，就会及时调整教学指导方略，以确保兴趣爱好在课上发挥其正向作用。

（3）特殊学生的分析。在体育教学中，有时候班级里会有特殊学生。所谓特殊学生，有的是体重超标或肥胖者，有的是因某种身体原因免体育学习的，有的是临时伤病需要见习的，有的是调皮捣蛋难以组织的，还有的是体育成绩优异、技能突出的，等等。凡是在班级里应该特殊照顾或特别优秀的学生都可以被视为特殊学生。在课前进行学情分析时，教师需要对见习生的安排问题有特殊的考虑。只要有特殊学生，就不可忽视对他们的特殊组织与安排。只有这样的分析，才能为促进全体学生的发展提供保障和可能。

（4）课上体育学习习惯与课余锻炼情况的分析。班级里有的学生课堂上的体育学习习惯非常好，甚至还有课余锻炼的习惯，这样的孩子不但学习的兴趣会较高，对新技术动作的学习和掌握速度也会较快。相反，课上体育学习习惯和课余锻炼习惯不好的学生，学习兴趣有时不浓，学习和掌握运动技术的速度也较为迟缓。如果有这种情况的学生，教师在进行学情分析时，就需要充分考虑学生的这些特点和差异，做到区别对待，灵活掌握组织与练习的方法，甚至有时候在学法指导上也要因人而异。

（5）运动技术基础、身体素质基础的分析。在进行某项运动技术教学时，有时候班级里会有一些学生有一定的技术基础，有的身体素质条件较好。也就是说，一旦班级里有基础好的学生，在进行学情分析时，就需要关注这样的学生，以便在组织教学过程中，一方面提出不一样的目标要求，另一方面有助于利用这些学生并有意安排他们辅助教学。有时候，一个班级里学生的运动技术与身体素质都较为接近，但并非如此整齐划一，而是具有一定的差异性的。这种差异性有的表现在运动技术的差异性上，有的表现在身体素质的差异性上，甚至还有的表现在运动技术和身体素质的共有差异性上。因此，学情分析需要就学生的不同情况而深入、具体地进行。

（二）体育学习者分析的意义

第一，为体育教学内容的设计、体育教学目标的制定、体育教学策略和媒体的选择以及体育教学过程的设计等教学外因条件适合学习者的内因条件提供依据，从而使体育教学真正起到提高学习者的健康水平，促进学习者的运动知识、技能和能力发展的作用。

第二，为在体育教学中因材施教、使学生向个性化方向发展、培养学生的创新意识和能力提供条件，让每一个学生明确自己的目标，在重视个人特征和自我价值观的基础上，学会"如何学"；为给不同的学生提供科学、合理的体育教学提供依据，使体育教学真正能为每一个学生的发展服务。

第三，为"如何教"寻求共性的实践依据。只有以学生原来具有的技能学习基础、生活经验以及对体育学习的兴趣、态度等为基础，精心设计体育教学活动，指导学生不断完善自己的体育知识、技能和能力，才能使体育教学获得成功。

（三）体育学习者分析的目的

学习者分析的目的是了解学习者的学习准备情况及其学习风格，为学习内容的选择和组织、学习目标的阐明、教学活动的设计、教学方法与媒体的选择等教学外因条件适合学习者的内因条件提供依据，从而使教学能真正促进学习者智力和能力的发展。

学习准备是指学习者在从事新的学习时，原有的知识水平或原有的心理发展水平对新的学习的适应性。学习准备包括认知、动作技能和情感三个方面。学习者原有的学习准备状态是新的教学的出发点。

测定学习风格的目的是在承认和尊重学生学习风格差异的前提下，安排教学内容，选择教学方法和教学媒体，使教学活动能够最大限度地适应学生的学习风格。所以，对学生学习风格的分析是因材施教的前提和根本。

第三节　高校体育教学系统要素的设计

一、高校体育教学目标设计

高校体育教学目标设计是将体育教学中学习者通过参与学习体育与健康知识、运动技能，实现学生的体育参与意识和行为表现、技能掌握、整体健康促进所要达到的行为结果、体验性或表现性结果，用具有可测量性、可观察性和可操作性的目标条目准确地表述出来的过程。体育教学目标设计是体育教学设计的重要环节，因为体育教学目标一旦确定下来，其他的体育教学设计环节都要围绕它来进行。

高校体育教学目标的有效设计，应主要基于体育与健康课程标准在该水平或学段的目标定位，学生主观的学习需要分析，依据主教材的分析以及教学对象的学情分析而定。在获得充分依据的前提下，考虑如何使所设置的目标准确、全面、具体且可操作，也就是说，通过一堂课或一个阶段（水平、学年、学期、单元）的教学，目标的达成度应该能够在课程结束时得到检验。

（一）体育教学目标设计的重要意义

第一，有利于落实体育与健康课程标准。只有通过体育教学目标设计，才能将课程理念和目标体系全面、具体地确定为不同层次的体育教学目标，使教师对体育与健康课程有一个清晰的认识，防止教师对体育课程标准和教材内容作任意的处理，从而保证课程的方向性和稳定性。精心设计的体育教学目标可以准确地检查体育课程内容的覆盖范围；可以指导教师低耗高效地开展体育教育教学活动，保证体育与健康课程理念的贯彻和目标的实现，帮助学生通过体育与健康课程学习而获得切实的发展。

第二，有利于教师的教学。体育教学目标指引着教师组织开展教学活动的方向，对教师的教学发挥着引导和调控作用，控制着教学的发展方向。它可以帮助教师迅速地理清教学思路，建立一种灵活的思维方式来思考问题，即如何才能高效地达到教学目标。体育教学目标也为教师设计理想的体育教学内容，恰当地运用教学策略、教学媒体，组织教学过程提供了具体的依据。体育教学目标的编写，需要教师认真钻研新课标，研究教材，查阅资料，思考各类知识、技能和经验在具体教育教学中的运用和整合，达到拓宽教师的知识视野、提高教师的教学水平的目的。

第三，有利于学生的学习。体育教学目标对学生而言就是学习目标，是学习者进行体育学习活动的向导。对于学习者来说，学习活动的第一步就是明确目标，目标明确与否决定着学习者的学习态度和学习效果的好坏。学习者明确了学习目标，做到了心中有数，可以使动机内化，产生强烈的参与意识和行为，更好地控制自己的学习进程，努力克服和解决学习中的困难。学习者明确了体育学习目标，学习就有了方向性、针对性，减少了盲目性，使学习过程更加顺利。此外，具体、适宜的学习目标能使学习者增强自信心，发挥学习的积极性、主动性，对学习产生强烈的责任感，迅速提高学习水平和改善学习效果。

第四，有利于体育教学评价。体育教学评价是对学习者达成的学习目标程度的检验，是进行科学测试、做出客观评价的基础，即体育教学目标是体育教学评价的依据。无论是诊断性评价还是形成性评价，无论是定性评价还是定量评价，在制定评价方案时都需要以体育教学目标为依据。通过体育教学目标设计，学习者明确了要学习的内容和应达到的标准，这样便于学习者互评和自评，找出与教学目标的差距，有利于培养学生的学习责任感，获取学习成就感，增强自我反思和调控能力。

（二）体育教学目标设计的根本要求

第一，整体协调。体育教学目标是包括各种层次的具体目标在内的整体系统。设计体育教学目标就应注意系统把握、整体协调，不仅要设计各层、各类具体的教学目标条目，而且要使各层、各类具体的教学目标充分连贯，形成一个完整和谐的系统，使之较好地体现体育教学目标的系统性、层次性、递进性和联系性的特点。

第二，细化分解。只有将体育教学的一般目标分解成细致的操作目标，才能在体育教学实践中将体育教学目标落到实处，也才能把体育教学目标转化为行为目标或包含体验性、表现性目标的具体行为状态或表现。体育行为目标、体验性或表现性目标是衡量体育学习目标达成与否的具体指标，体育学习目标的达成依赖于体育行为目标和包含体验性或表现性行为目标的逐一实现。所以，体育教学目标的细化分解直接关系到体育教学效果的优化和教学质量的提高，每个体育教师都应具备细化分解体育教学目标的能力。

第三，表述确切。为使体育教学目标能够直接地指导、调控体育教学活动，且便于观察评估体育教学效果，体育教学目标的表述应该尽可能使用便于直接观察的行为动词，明晰地表述预期学习结果的外显行为变化。

第四，难度适中。难度适中是指设计的体育教学目标应处于学习者的"最近发展区"，即学习者经过努力即可以达到的程度，这样的体育教学目标有利于发挥其激励功能，调动学习者的学习积极性和主动性，同时可以使学习者体验到成功的愉悦感。当然，体育教学的特殊性、学习者的个体差异性，又需要针对不同的教学对象，通过不断地评价和反馈，对体育教学目标进行必要的调整和修正。

第五，灵活多变。由于学生的学习基础和学习能力存在着差异，因此体育教学目标的设计必须具有一定的灵活性。教师要认真钻研教材，确定满足能力较差学生的最低目标要求以及符合教材提出的基本要求，最后考虑超出教材要求的优秀水平目标。编写灵活多变的教学目标群，体现目标设计的弹性和差异性。

（三）体育教学目标设计的主要方法

1. 体育教学目标编制的方法

（1）学习体育课程标准。学习体育与健康课程标准，高职高专（中职中专）体育与健康课程指导纲要，普通高校体育与健康课程指导纲要、体育教材和教学大纲。明确课程理念、目标以及实施要求。

（2）制订体育教学计划。根据学校体育与健康课程的实际，制订水平或学段教学计划，明确学年和学期教学计划，编写单元教学方案。

（3）分析体育教材。为了确保体育教学目标的实现，必须有合乎体育教学目标的体育教材作为载体。分析体育教材的目的在于确定体育教材内容的特点、功能、范围、深度和重点等，使体育教材内容更好地为体育教学目标的实现服务。

（4）分析体育教学对象。分析体育教学对象即分析体育学习者的学习需要、一般特点、起始能力和学习风格等。找出体育教学中存在的问题和原因，确定学习者的现状和目标之间的差距，是确定体育教学目标的基础和依据。

（5）编写体育教学目标。一个完整、具体、明确的体育教学目标应包括四个部分：① 教学对象，指教学针对哪一类学生；② 学生的体育行为，说明学生在学习后应获得怎样的知识和技能，态度会有什么变化。应用具有可观测性的术语来说明学生的行为，以减少教学的不确定性；③ 确定行为的条件，是指能影响学生学习结果所规定的限制或范围；④ 程度，是学生达到体育教学目标的最低衡量依据，是阐述学习成就的最低水准。程度可从行为的速度（时间）、准确性和质量三个方面来确定。

2. 体育教学目标陈述的方法

（1）两类目标的陈述。体育与健康课程标准的课程教学目标主要有两类：一类是结果性目标，另一类是体验性或表现性目标。

第一，结果性目标指向可以结果化的课程教学目标，主要运用于"运动技能"和"身体健康"学习方面。它明确规定了学生的预期学习结果，要求所采用的行为动词明确、具体、可测量、可评价。如"指出坐、立、行时正确和不正确的身体姿势的区别，做出球类游戏中的简单动作，如拍球、投球等"。

第二，体验性或表现性目标指向无须结果化或难以结果化的课程教学目标，主要运用于"运动参与""心理健康"与"社会适应"学习方面，主要描述学生的心理感受、体验，或描述教学情境，所采用的行为动词大多数是体验性的、过程性的。如"说服并带动他人参与体育活动，体验身体健康变化时注意力和记忆力的不同表现"。

（2）体育教学目标陈述的基本要素。体育教学目标特别是行为性目标陈述的基本要素有四个：行为主体、行为动词、行为条件和行为标准或程度。

第一，明确目标的行为主体是学生。体育与健康课程重视在体育教学中学生主体地位的体现，注重学生学习产生的变化和结果，因而体育与健康课程实施中体育教学目标的陈述方式注重对学生学习行为或结果的描述，一律以学生作为行为主体，使用"学生了解……""学生获得……""学生能做……"一类的表述。

第二，准确使用行为动词。在体育教学实践中，教师应根据课程标准对不同层次学习结果的要求，选择恰当的行为动词来描述教学目标，以加强体育教学设计的可操作性和教学质量的可测量性。

第三，规定行为条件。体育课程行为条件一般有三类：① 体育器材和场地条件，如"在陌生的场地进行体育活动""按顺序轮流使用同一运动场地或器材"；② 信息，如"利用电视、儿童读物等获取体育与健康知识"；③ 行为情景条件，如"在体育游戏中表现出对他人的尊重和关心"。

第四，准确表述学习结果的标准或程度。无论是结果性目标还是行为性目标，都必须包括针对体育学习结果的标准或程度。除了行为动词和内容本身体现出的差异外，还可以通过其他方式表现出对全体学生的共同要求。

3. 体育教学目标的分类表述法

（1）行为目标表述法。行为目标是指用可观察和可测量的行为表述的目标。一个完整的行为目标表述的基本要素有四个：表述的主体，即学习者，规范的行为目标开头应是"学生能……""学生要……"等；行为活动，即用行为动词来描述学生可观察、可测量的预期具体行为，如"说出……""完成……""描述……"等；行为条件，即影响学生学习结果的特定的限制范围，在什么条件下产生行为，如"在同学的帮助下……""在比赛过程中……"等；行为标准，即学生对目标所达到的最低标准，用于评测学习表现或学习结果达到的程度，如"能说出三种发展手臂力量的锻炼方法……学生能达到……程度"等。

一条规范的教学目标条目的表述应当反映三个问题：学生做什么，根据什么标准去做，做到什么程度才算合格。

（2）表现性或体验性目标表述法。行为目标表述法和内部心理过程与外显行为相结合的目标表述法，主要适用于知识和运动技能、体能发展目标的表述表现性或体验性目标表述法是指明确规定学习者在什么情景下活动，做什么事，完成什么任务，产生什么心理感受、体验等。其主要用于心理健康发展和社会适应发展目标的表达。如为了表述经过支撑跳跃教学后学生自信心的变化，可用"描述出支撑跳跃（跳山羊）练习前后的心理感受"来表述。

（3）内部心理过程与外显行为相结合的目标表述法。这种方法既使学习者的内部心理变化状态得到描述，也反映学习者的外显行为变化的结果。如知道支撑跳跃的锻炼价值（内部心理描述），能说出利用"跳山羊"或"跳人马"练习发展体能的两个例子（具体外显行为例子）；理解与同学合作的意义（内部心理描述），能说出致使合作游戏"连足跑"跑速快与慢的原因（具体外显行为例子）。

运用内部心理过程与外显行为相结合的目标表述法，有助于对教学目标做出质的概括和量的规定。质的概括是指运用描述内部心理过程的动词，如"获得""掌握""知道""体会"等。由于这些动词具有含糊性，学生的内在能力或情感的变化无法被直接观察到，所以又要做出量的规定，即在描述了内在能力倾向的变化之后，再列举若干反映这些内在变化的具体事例。这样既可克服严格行为目标只顾具体行为变化而忽视内在心理过程变化的缺点，也可克服用传统方法表述目标的模糊性。

（四）体育教学目标设计的关键要点

第一，不能用课程标准中的内容标准代替教学目标。课程内容标准是课程目标的具体化，但不是详细的教学目标。课时教学目标是以课程内容标准为依据，结合单元教学目标和具体的教学内容、学生的实际情况、教学资源配置及教师的个人风格进行设计的，具有独创性。

第二，体育教学是以单元为教学单位，而不是以某一节课为独立的教学单位。但我们不应用单元教学目标代替课时教学目标。因为课时教学目标只能围绕学生在一次课的学习锻炼的体验中所能完成的课题进行设计，所以课时教学目标设计不能面面俱到，而只能结合教学内容突出重点，即写清一个课时的内容教学要达到的教学目标。

第三，要区分学习目标和教学目标，支持学生在学习锻炼中追求自己的目标。教学目标是所有学生都应达到的学习目标，而学习目标则是学生自己确定的，它们并不一致。不同的学生由于对体育学科需要爱好、身体素质和体育能力等存在差异，因此其学习目标也不完全相同。

二、高校体育教学内容设计

（一）体育教学内容设计的单元

体育教学内容设计应根据不同类型单元教学内容，设置相应的时数安排与教学要求。为了避免以往体育教学内容低级重复的现象，体育教学内容可以分为以下四种类型的教学单元。

1. 精学类教材

精学类教材的时间跨度较长，甚至可以是12学年，目的是让学生熟练掌握这项技能。这里讲的"熟练"，除了对技术本身的熟练掌握外，还包括技术之外的内容，如受到该项目的文化熏陶、学会合作、培养情操等。

2. 简学类教材

简学类教材受课时的限制，学生只能在某一阶段学习某一项目，没有重复学习的机会。因此，重点是让学生体会到该项目的特性，不需要让学生掌握该项目的所有技术，只是略微介绍一些基本技术，更重要的是使学生通过学习，了解该项目的文化背景以及特性，加深对体育运动文化多元性的理解，同时为自己将来进一步从事该项目做好准备。如学习垒球运动，由于垒球运动的对战技术繁多，首先要考虑这项运动的特性，是朝着团队胜利的目标，大家一起分担攻防任务，在尽到各自责任的同时要相互配合，培养学生快速奔跑、急停和变向的能力。

3. 锻炼类教材

（1）一般安排的锻炼类内容首先要考虑学生所处的年龄阶段，不同年龄阶段存在不同的生理发育特点或者发育敏感期，如儿童少年阶段主要应该发展学生的灵敏性和柔韧性。因此，在课堂中要多安排这类锻炼内容。

（2）与教材的关系不同的教材内容具有不同的特性，如乒乓球运动更多地需要学生的灵敏性和横向移动的速度，因此应该多安排各种变向跑、急停等锻炼内容；而羽毛球运动需要学生具备良好的弹跳能力，因此应该多安排各种跳跃练习等锻炼内容。

（二）体育教学内容设计的要点

1. 考虑学生已有的经验和知识

体育教学内容设计要注意将学生的经验引入相应的体育教学和学习活动的设计中，即从学生的生活经验入手，设计具体的体育学习内容，引入体育与健康的知识、健康与健身的原理和方法以及技术技能学习，激发学生的体育学习动机与兴趣，使其建立正确的体育价值观，感悟体育的精神，体验和感受体育学习过程中的良好人格和社会适应能力等，这样将有助于学生对体育与健康课程学习价值的理解。

在体育教学内容设计中，教师需要了解学生：是否已经具备学习新知识所必须掌握的知识技能，掌握的程度如何；哪些体育知识学生已经具备了，哪些离学生的生活经验比较远；哪些体育知识学生能够自己学会，哪些需要教师点拨引导；对于不同层次的学生，如何让他们得到不同的发展和提高；等等。这样既尊重了学生已有的知识经验，沟通了新旧知识的联系，又提高了学生在新情境中解决问题的能力。例如，在体育"双杠"教材的学习中，教师的教学内容设计巧妙地运用了初中学生的物理学知识（弹力），设计了简易的教学辅助实验，通过小实验，促进了学生的物理学（力学）知识的迁移，强化了学生对动作原理的理解及动作方法的掌握，从而提高技术学习效果。

2. 不断拓展和深化学习内容

体育教学内容设计在贯彻认知螺旋上升的规律以及不断拓展和深化学习内容方面体现更为具体、形象。因为体育学习不仅需要学生基本了解相关的概念、原理和方法，还需要学生在体育学习中即时反馈学习行为（技术技能、锻炼方法、运动成绩以及其他的体育行为等），并且使体育学习行为的表现更直观、具体。因此，体育教学内容的设计要求体育教师在分析影响体育教学的基础上，即时有效地呈现体育教学内容设计的成果即具体的体育学习活动内容。如学习"排球正面双手垫球教材"基本部分的教学内容设计：① 练习的基础部分，老师示范自垫球，让学生体会，并让学生依据老师的提示继续练习；让学生展示自垫球学习效果，一抛一垫练习；② 练习的升华部分，玩游戏"看谁垫得准"，分组进行垫球练习，一人抛球，其他人将球垫入球框内，看哪组准确性高（每小组前 3 米处设置一个学生当移动球筐）。

3. 知识与问题、任务与活动相结合

在体育教学内容设计的过程中，要根据课堂教学的目标，结合教材的特点、功能和重难点以及教师、学生的实际情况，针对拟传递的体育与健康文化知识设计相关问题，思考问题的提出、探究、解决和引申的过程及相应的活动。

了解学生已有的知识技能、体质健康状况、运动经验和运动成绩，思考本节课的教学重点、难点是什么，如何定位比较恰当，通过什么途径和方法突破难点，结合哪些内容培养学生的情感和态度，哪些内容可进行体育思想和体育方法的教育，在练习中如何处理好基本与提高的关系，为水平不同的学生提出不同数量和质量的要求，等等。根据体育教学实践性的特点，遵循体育教育教学的相关原理、规律，基于教学目标实现的任务分解、教材特点、教学实际，设计体育学习问题解决实效性强、效率高的体育教学活动，并根据体育教学的要求合理设计体育学习活动，呈现符合逻辑关系的活动顺序。这样的体育教学设计不仅使体育与健康新课程的理念具体地落实到教学活动中，而且使教师成为体育教学问题与活动设计的积极实践者和创造者。

4. 给予学生充分的空间

体育教学内容设计要继承传统教学中效果明显的教学方法，尝试引入新的教学方法和学习方式，朝着帮助学生实现体育学习中的学会、学懂、学悦的方向去设计教学内容，为学生的思维和探索留下充分的时间和空间，让学生结合已有的体育知识、经验和能力学会尝试性学习、模仿性学习、自主合作探究性学习、学习成果展示以及学习评价与反思，学会多渠道地体验体育学习中的思维发展、健康发展、技术技能习得、能力提升、人格塑造以及社会适应能力的提高。体育教师可以通过课堂观察、体质健康测试、运动成绩测试等及时了解相关学习反馈，通过相关体育学习活动的设计帮助学生获得切实有效的进步。

5. 促进师生之间与生生之间的合作

新教材安排了大量的合作学习活动，如小组讨论、合作探究活动、分组辩论等，这些活动的设计正是为了促进师生之间、生生之间的合作互动。

这样，学生在学习过程的始终都与他人进行着不同形式的合作。合作不仅是学生学会有效解决问题的需要，也是学生学会共同生活的需要。从合作对于促进个体学习的角度看，合作能够为学生提供不同的观点和思路，从而促进学生对学习结果有反思性的认识和多视角的思考。从问题解决角度看，合作能够发挥各自特长，利用集体的智慧解决问题。从培养学习者的健全人格看，合作可以促成他们对于人与人的相互依赖关系的认识，有助于形成合作、宽容、开放的品格。

三、高校体育教学媒体设计

高校体育教学媒体设计是为提高学校体育教育教学质量，在体育教学中对传递教与学信息的各类媒体的选择、组合、运用和呈现方式的规划过程，其核心目的是丰富教学过程，优化课堂教学环境或辅助教学过程顺利完成。

（一）体育教学媒体设计的意义

体育教学媒体是提高学校体育教育教学质量必不可少的手段，在教学中根据实际需要采用多种教学媒体有助于提高教育学信息的传递效率。

第一，优化传授知识的效果。在常规体育教学中，示范时动作完成速度较快，会使学生目不暇接；而动作速度减慢，又容易影响示范动作的节奏性和准确性。如果在这一教学活动中采用多媒体等电化教学媒体再配上适度的讲解，则可使学生看得清楚，感受深刻，获得较为鲜明的感性认识，激发学生的积极思维，从而过渡到理性认识。

第二，拓宽体育教学的空间。体育教材有较强的季节性，特殊的天气是安排理论教学的好时机。遇到恶劣天气时上录像课，组织学生观看体育比赛录像，结合比赛非常直观地介绍各种竞赛规则的裁判法等一些平时讲解起来较抽象的概念、知识，激发学生的学习兴趣。通过图文并茂的授课、训练，学生易于理解，便于记忆，同时增强了学生的锻炼意识，培养了学生的自我锻炼能力。

第三，有利于贯彻区别对待原则。人体各器官和系统的发育，因年龄、性别而有所不同，即使同一年龄和性别的学生也存在发育、健康水平和原有锻炼基础的差异。多种教学媒体能更好地使教学工作适应学生的个体差异。例如，在篮球教学中运用多种媒体教学手段，对技术掌握较慢的学生采用反复看、反复讲解的方法，而对已掌握的学生提出投篮、传接球、运球准确性等要求，这样不同层次的学生都可得到相应的提高。

第四，有利于更好地完善素质教育，树立终身体育的理念。学校体育的根本任务提出要寓思想教育于体育教学之中，所以充分利用多种教学媒体，有很强的说服力和感染力，有利于对学生进行思想道德教育，有助于学生道德情感和意识的培养，进而帮助学生树立终身体育的理念。

（二）体育教学媒体设计的方法

1. 体育教学场地器材设计的方法

（1）场地位置与范围设计的方法。

第一，根据学校体育场地总体情况设计教学场地。具体为某一节课设计场地时，任课教师首先要考虑学校总体的场地情况，即根据学校体育场地的大小决定体育课的活动范围。在安排各种练习活动时，尤其需要将学生的基本上限定在一定的范围内。如果在设计中未充分考虑学校场地总体情况，只是根据教学需要安排练习活动，那么在教学中就会出现因临时调整而影响教学效果的情况。此外，体育教学中的安全隐患（如投掷练习）的防范等也需要在运动场地、器材的设计中充分注意。

第二，根据班级数和人数设计教学场地。不同的班级数和人数在进行体育教学的时候所占用的场地大小有所不同，尤其是相同内容的学习，班级数与人数的差异性更加明显。班级数与人数越多，设计的难度越大。需要任课教师在进行教学设计之前，充分了解同一时间究竟有多少个班级上课，每个班级大约有多少人，以及每个班级的教学进度。

第三，根据课堂教学内容设计教学场地。体育教学场地很大程度上是根据课的各项内容的安排来设计确定的，内容不同则场地不同，往往在设计场地的时候是以主教材所需场地为核心的，其他内容如准备活动、放松活动、基本部分安排的各种游戏、教学比赛等所选场地都围绕着主教材场地来确定。主要依照就近原则，有时可一场多用，有时要就近取舍。如篮球课，尤其是总体场地有限的学校，进入基本部分主教材内容学习之前的准备活动，完全可以充分利用一块或两块篮球场地奔跑、做操或游戏。

（2）器材种类与数量设计的程序。

第一，根据学校器材总体情况设计教学器材。不同学校的体育课，任课教师在设计器材类型和数量的时候，基本原则是"有什么用什么"。不能因为器材不能充分满足课堂教学需要就取消该项目的教学，如篮球作为一项普及率较高的项目，即便是学校的器材急缺，篮球只有五六个甚至更少，也要安排该项目的教学，但可以男女有别，女生设计其他项目的学习，男生安排篮球，毕竟男生将来以篮球作为终身体育项目运动的情况更为普遍。

第二，根据班级数和人数设计教学器材。在进行体育教学设计的时候，仅仅知道学校的器材存放情况是远远不够的，还要了解同头课的班级数和人数，如果同头课的班级多、人数多，器材的设计上就有可能出现"撞车"现象。使用多少器材，练习的时候采用哪种练习方式才能确保有效组织等都需要考虑。例如，一所学校的篮球总共有 10 个，两个班级同时上篮球课，按照一班一半的分配方式，每个班只能分到 5 个篮球，除教师示范和组织练习用球外，仅有 4 个篮球可供学生练习。这就需要根据班级人数来合理分配。这种器材、人数、班级数等情况的不同，都需要在体育教学媒体设计这一环节进行周密考虑，以确保教学组织的合理性。

第三，根据课堂内容设计教学器材。任何一节体育课都会安排一定的教学内容，或学习跳远等田径类，或学习篮球等球类，或学习前滚翻等体操技巧类等，无论是何种项目教学，都会或多或少地用到器材。因此，在教学设计的时候，应考虑课堂上所有环节有可能用到的器材，包括标准的器材和非标准的辅助器材，甚至是自制器材。周密、细致、全面地考虑课上需要的各种器材，有利于按计划完成教学工作，并达成所设定的目标。

（3）体育教学场地器材的检查。为确保场地器材安全有效，教学设计前对器材进行检查，除了检查有没有、有多少外，还要看看所用器材是否能够正常使用，有没有存在一定的安全隐患，如果存在这类器材，则需要做出调整或对器材进行修理，以确保教学工作正常开展。

（4）体育教学场地器材的布置。场地器材的摆放遵循"最节省、最安全、最合理、最有效"的"四最"原则："最节省"是指充分利用场地，尤其是小场地的课堂教学，这方面显得更为重要；"最安全"是指任何场地器材布局都要有安全保障，无论场地大小，安全地规划才能使教学中的每一个环节都不发生伤害事故；"最合理"是指在确保安全和节省的前提下，器材安放在场地的什么位置才更便于教师示范、学生观察、教师指导学生练习，这实际上是对场地器材进行布局的最低要求；"最有效"是指在合理、安全、节省的基础上，尽可能地让场地器材发挥最大作用，有时需要一物多用，即一种器材被用于多项练习，有时需要多物一用，即多种器材服务于某一项练习等。无论如何规划设计，只要能够满足于教学并在教学中最大限度地发挥作用，就说明场地器材的设计是比较合理的。

（5）体育教学场地器材设计的内容呈现形式。体育教学媒体设计事先对场地器材的设计、检查、摆放等诸多方面进行周密的考虑和规划，是保证教学有效性的关键，该环节必不可少且富有意义。除此之外，还需要将构思好的场地器材在课堂上如何布局呈现在教学设计文本当中，一般可以有多种呈现形式，如文字式、图形式、综合式等。根据教学内容与所需场地器材的复杂性、多样性，可以适当设计不同类型的设计文本呈现形式。

2. 其他教学媒体设计的方法

（1）教学内容与媒体的选择。特定教学内容本身的直观性和抽象性，是选择教学媒体的重要依据。如学习广播操采用图解效果很好，当学习到一定程度时，可采用录音或广播统一练习，这样对学生掌握每个技术环节的动作要领可起到良好的作用。

（2）学生特征与媒体的选择。由于学生年龄和知识水平的差异，所利用媒体传递信息的层次也不同。即使是同一年级的学生，由于在学习情境中对知识结构的需求不同，对媒体的选择也会不同。运用"场独立"和"场依存"的认知方式分析，一般情况下，场独立型的人在研究问题时比较喜欢独立思考、分析，以求得解决问题的方法；场依存型的人在解决问题时则比较喜欢得到别人的指导和支持。因此，适应个性的教学媒体或教学系统对场依存型的学生是比较理想的。场独立型的学生善于对问题进行分析，比较喜欢独立工作，所以采用独立学习的书本、程序教学等对他们较为适宜。

（3）经费实力与媒体的选择。选择媒体时，要了解各种媒体的成本及其所能达到的教学效果，然后再根据本单位经济条件进行决策。

四、高校体育教学安全隐患防范设计

体育教学中的安全隐患防范设计是指教学设计者在实施设计的过程中，根据特定的教材、学生、教学环境及条件，结合自身的教学经验，对教学过程中各方面的安全隐患做出判断，寻找防范措施或规避方法，保障教学活动的安全性，并有效培养学生的安全意识和安全运动能力的策划过程。

（一）体育教学安全隐患防范设计的重要意义

第一，有利于贯彻"安全第一，健康第一"的教育教学观念，确保教育教学行为的安全性，保障通过体育学习和活动切实有效地促进学生的整体健康。

第二，有助于教师深入分析教材、学生、教学组织和场地器材运用中的安全隐患，防止教学中不安全事件或事故的发生，保护学生和教师免于教学事故带来的痛苦和风险。

第三，有助于学生认识到安全运动的重要性，逐渐掌握参与各类教材学习、组织活动以及运用运动场地、器材的安全隐患防范能力，进而增强日常生活、学习中的安全意识和能力。

（二）体育教学安全隐患防范设计的基本内容

1. 针对体育教学内容自身的安全性进行设计

有的体育教学内容本身就具有一定的安全隐患，如果事先未能充分认识且未提出相应的防范措施，就有可能在组织教学过程中出现事故。比如篮球传接球技术，要求在接球的时候手指朝向正确，否则，对于初学者来说，很容易造成手指挫伤。再如体操双杠上的滚翻技术，要求学生在做动作时，相应的肌肉用力正确，保持该技术所要求的身体姿态，手抓握杠时一定要牢固等，一旦出现不按要求做动作或技术动作未掌握，完成该项练习时就容易从杠上掉下来而出现伤及身体某一部位的现象。因此，对于那些安全性要求高的教材，教师只有在课前具有充分的认知度，才能及时有效地做好防范工作，最大限度地减少事故发生。

2. 针对场地器材的安全性进行设计

几乎所有的体育课都会或多或少地使用场地器材，因此，场地器材的安全性不容忽视，这也是体育教学中安全隐患防范设计的重点内容之一。

（1）充分考虑场地使用的安全性。比如，奔跑场地是否平整，有无小石块撒落在跑道上；跳远沙坑是否安全卫生；篮球场地会不会因阴雨而湿滑等。只有确保场地符合要求，才能正常安排体育教学工作。要想安全实施教学，就要事先对其分别做好安全检查与及时修正。

（2）对器材的安全性同样不可忽视。尤其对那些已经存在一定程度的安全隐患的器材，更要确保其安全使用。比如，体操单、双杠课前，需要检查器械的牢固性，看是否有螺丝松动现象，有松动未提前检修的话，很容易造成从杠上掉落而发生意外；羽毛球课前，需要检查羽毛球拍的拍头是否有明显或轻微的活动现象，等等。一旦这些现象存在，就会有较大的危险性，轻者刺破皮肤，重者有可能造成一定程度的伤残或导致生命危险。因此，课前尤其在教学设计过程中，要充分认识到检查器材的重要性，以及采取及时的措施使其达到安全标准，才能保障教学实施的安全性。

3. 针对教学组织的安全性进行设计

提高教学组织的安全性工作需要提高认识与防范能力。如投掷项目教学，学生的站位极其重要，过近易出现砸伤事件，过远会因捡器械而浪费一定的时间。只有做到恰到好处、远近适度，才能有效地组织教学工作。以前因组织不当而引起的铅球、实心球、标枪等伤及学生的现象时有发生，因此，需要引起高度的重视。投掷区在投掷练习过程中要严格禁止人走动；面对面站立的两组学生进行投掷练习时，需要严格按照教师的口令进行投或捡的练习，否则安全事故随时都有可能发生。再如体育课上个别游戏的组织活动，游戏本身或许并不存在安全隐患，但由于组织者对游戏缺乏组织中的安全性考虑或教学管理和控制能力不足，学生在游戏中竞争拼抢时很容易出现撞击损伤事件。因此，教学组织要科学、合理，确保体育活动安全有效。

（三）体育教学安全隐患防范设计的主要方法

1. 对体育教学中安全隐患的判断

对安全隐患的合理准确的判断，是使体育教学中的安全事故减少到最低限度的前提。这就需要教学设计者在实施设计行为前能够先对不同教材、不同教学对象和教学实际环境的安全隐患做出科学、合理、准确的判断，然后针对判断预设防范的措施或方法，提高安全隐患的规避和处理能力。

（1）安全隐患有无的判断。通过分析教材、场地器材，以及有可能用到的组织方法或练习形式，初步判断本次课安全隐患存在的可能性。有时候，某一方面存在一定程度的安全隐患；有时候，几个方面都有可能存在安全隐患。但无论如何，每一方面都需要在教学设计环节认真分析，并做出准确判断，为设计防范措施提供参考。

（2）安全隐患大小的判断。安全隐患无论是一处还是多处，只要有安全隐患存在的可能性，就有危险性大小之分。在体育教学设计环节，判断安全隐患的危险性大小是极其必要的，只有对其有较为准确的判断，才能知道将要采取的安全防范措施能否对其有防范作用，过高或过低地评估危险性都不利于防范工作的有效开展。

（3）安全隐患防范效果的判断。有时，仅仅知道有安全隐患，以及能够判断安全隐患危险性的大小，还不能确保安全事故完全不发生。正确预测防范措施将能发挥多大作用，能否防范与防范效果如何是能否及时规避或减少安全事故发生的重要方面。有时候，安全隐患的危险性较大，所采取的防范措施不一定能够及时起到防范作用，这样就难以避免安全事故的发生。无论隐患大小，只要防范措施得力，都有可能达到理想的效果；相反，当防范措施不得力时，大小隐患都难以防范。因此，防范效果需要考虑，但影响防范效果的主要因素还是防范措施的合理性问题。

（4）安全隐患防范难度的判断。体育课上，针对不同的安全隐患，可以采取不同的或相似的措施做好防范工作。其难度判断的过程，就是对防范可行性的分析和论证过程。有时候，从理论上说，有些防范措施虽然是极其有价值的，但在实际教学中并不能发挥应有的作用。

2. 对安全隐患防范设计文本的呈现

体育课上，安全隐患的防范工作不但重要，而且在体育教学设计环节尤其需要表述清楚。语言要具有针对性，既要能够分析安全隐患存在的可能性及存在的各种类型，又要能够针对不同的安全隐患而提出与之对应的有效的安全防范措施。具体到教学设计方案中安全隐患设计结果的表述方法，需要从涉及的内容及其逻辑顺序两个方面展开。

体育教学设计的安全隐患不但不能忽视，而且要有具体的呈现形式，尤其哪些内容需要呈现、如何呈现才能让人一目了然并起到防范作用等都是需要重点把握的。通过分析判断体育教学中安全隐患存在的可能性、大小、效果以及难度以后，教学设计者首先就需要简要地加以描述，但体育教学设计在有限的空间内表述语言要尽量简单明了、点到为止。以上仅仅是判断了是否有必要防范，至于采取什么措施去防范才是重中之重。因此，内容和呈现顺序可以通过以下程序展开：

首先，需要说清楚有没有的问题、多少的问题、大小的问题、难度的问题、效果预测的问题等。

其次，将重点放在一一对应的具体防范措施上。比如，对于教材本身的隐患，采取何种措施做好防范工作；对于场地器材的隐患，如何防范；对于教学组织的隐患，如何防范；假如能够更加具体地展开教学环节，哪项练习有可能存在安全隐患；找到有针对性的防范措施更加可取且有意义，等等。要尽量避免泛泛而谈，如缺乏具体指导性的"注意安全"或"一定要注意安全"等表述在教学设计文本中应尽量避免出现。

第四节　高校体育教学课堂评价的设计

一、体育课堂教学评价的类型与主体

（一）体育课堂教学评价的类型

"教学评价是教学过程中的一个关键环节，是分析和评定教学工作质量的重要抓手。关注学生的课堂表现，了解学生的教学内容掌握情况，有利于教师及时调整教学进度，对促进课堂教学目标的达成有着重要的作用。[①]"评价设计首先要解决的是"评价什么"的问题。体育教师在课堂上看到的是"完整人"的综合行为，把这些行为统称为"学生表现"。教学目标应当反映在学生的课堂表现之中。学生在课堂中的真实表现可以分为以下四种类型：

第一，学生话语。在语言教学评价中，学生话语是一项重要的指标。教师应当采取有效措施收集学生的活动表现证据，其中包括话语量、话语真实水平、话语连贯流畅程度、话语的随机建构水平等。

第二，学生动作。伴随着学生话语，还有相应的行动发生。教师需要重点评价学生动作的正确性、认真性、主动性，还应评价学生动作练习的实效性。

第三，学生认知水平。教师应当采取有效手段得知学生的思维进程与线索、学生对教学信息的领悟程度、学生对教学资源的感受深度以及学生接受新动作项目学习的敏锐程度。

第四，学生临场发挥。课堂过程是体育教师与学生随机构建教与学关系的过程。所以，学生在动作练习所表现出来的临场灵活性、创造性以及对动作练习的适应性，也是教师的评价内容。

[①]　马峰 . 教学评价在初中体育课堂教学中的实践运用［J］. 体育视野，2021（24）：57.

（二）体育课堂教学评价的主体

评价主体主要指的是"谁来评价"的问题。形成性评价设计应当注意评价主体的多元性，体育教师、学生以及身居课堂之外的家长都可以是评价的主体。

1. 教师评价

（1）体育教师对全班的评价。体育教师首先要估量全班的整体表现，发现全班练习的优势和存在的问题，明确群体体育活动的总体趋势。

（2）体育教师对部分学生的评价。体育教师应当评价不同水平的学生的实际表现，看优秀学生是否有突出的表现，看后进生是否正在进步等，这些均属于对部分学生的评价。

（3）体育教师对学生小组的评价。小组活动应当成为体育教师评价的重点项目。体育教师应当观察不同练习小组的内部活动情况、小组长领导力的强弱情况、小组内同学之间的信息沟通情况、小组成员完成任务的过程、小组内同学之间解决问题的成效等。

（4）体育教师对学生个人的评价。体育教师对学生个人的评价需要以个案的形式，观察探寻可以说明他们学业进展情况的具体表现。面对一个群体的众多学生，教师要分层次、有重点地进行形成性评价。由于学生个人的表现均有某种代表性，所以，教师在具体进行某些个案的"解剖麻雀"的工作之后，就可以比较清楚地了解这一类学生的学习情况。

2. 学生评价

学生以评价的主体身份参与形成性评价，是评价改革的一个重点课题。学生评价可以采取以下四种形式。

（1）学生自评。体育教师应当在教学过程中有计划地培养学生进行自我反思的能力。体育教师有必要逐步培育和构建学生的有效评价行为，如及时采集个人表现的信息、记录自己的学习过程、学会进行自我监控、学会描述自己的学习行为等。

（2）两人互评。两人互评是一种常见的自主评价形式。两人互评在所有的两人一组的活动之中和之后都应当发生。

（3）小组互评。小组内部的合作评价是课堂形成性评价的难点。学生在课堂上是不太善于进行合作评价的，所以，体育教师应当有计划地培养学生良好的合作评价行为，这需要一定的时间，需要在每一节体育课上引导学生自主管理小组活动，自主实施小组评价任务，自主积累过程评价信息和实证材料，而所有这些"自主"都需要在教师的有计划的行为中进行训练。

（4）全班合作评价。全班参与合作评价，因参与的人员增多变得难度加大，但这样的评价对学生合作能力的培养则更有意义。体育教师在进行全班合作评价时应进行周密的规划，应准备更加完备的评价工具，应提供更为详细的具体指导，同时，还应做好组织工作。此类评价活动实际上与教学活动是一体的，评价活动本身就包含着教学内容。

3. 家长评价

在教师与学生分别作为评价主体的基础之上，要逐渐引入家长评价。现在很多地区的学校已引入了家长评价。如学生在家里完成体育练习作业，家长给予必要的评语；学生在校的一些体育练习成果拿回家里做展示汇报，家长对此给予评价等。此外，学校举办大型活动或教师在班上组织各种学习汇报、文艺表演等活动时，也可以邀请家长参加，并让他们对学生在活动中的表现做出评价。家长参与评价，需要学校和教师及时指导。要不断地改变家长的评价态度，改善家长的评价行为，改进家长的评价方法，以更好地发挥家长参与评价的积极作用。

二、体育课堂教学评价的方式与工具

（一）体育课堂教学评价的方式

改进评价方法的指导理念是测试性评价和质性评价兼顾，同时大力开展质性评价方法。下面重点介绍六种评价方式。

第一，测试。测试主要考查人的知识、技能，是日常教学的一种常见的评价方法，教师应当注意：① 改革测试内容；② 改造测试标准；③ 有效发挥测试的诊断、调整、激励和甄别的功能；④ 审时度势，准确把握测试时机；⑤ 提高测试设计与实施的专业化水平。

第二，测量。测量是对非量化实物的量化过程。虽然教师重视测试的评价作用，但是，他们往往没有重视测量的特定作用。即使在语言教学中，态度测量、情绪测量、一般智商的测量，都对教学改进有明显的效应。同时，测量方法还能够使学生更加了解自己。

第三，观察。课堂教学观察有五种方法：调查严密组织的系统观察方法、生态学观察方法、人种学观察方法、同步等级界定观察方法、非正式观察法。一般常用人种学观察方法，其要点是详细记录所见所闻，而且可以通过录音和录像收集原始信息。

第四，调查。观察是在活动过程中同步采集信息，调查则是在活动之后采集信息。行之有效的调查方法有问卷和访谈两种。问卷和访谈都需要掌握一定的专业技术，体育教师实施此类调查应当说是很有必要的。

第五，档案袋。档案袋也可以称为成长记录袋，即从收集的所有作业中，学生自己选择存入档案中的材料，可以是他们认为特别有价值的东西，然后学生对自己的成品和相关表现进行反思。

第六，轶事记录。轶事记录就是对某一时间、地点和环境下发生的行为进行持续的客观描述。此种方法可以用于学生执行解决问题的任务或项目时的质性评价。让学生来进行轶事记录，可以有效地促进学生的反思能力。

（二）体育课堂教学评价的工具

第一，核查表。教师将期待的具体行为以列表方式提供给学生，学生个人、两人小组或多人小组依据自己的表现细节在检查表中进行勾画。

第二，教学评定量表。教学评定量表是用数字表示学生课堂行为（已发生的）的等级。如我们可以用5、4、3、2、1来确定期待行为的活跃程度，5表示特别活跃；4表示比较活跃；3表示中等活跃；2表示不够活跃；1表示很不活跃。

第三，图示评定量表。图示评定量表是用一条水平线或垂直线组成量表，表示在一个连续体上对学生行为的客观等级描述。

第四，实物。实物就是真实的物品，教师可以根据所教的内容选择不同的实物，如文具、玩具、动物（玩具动物）、交通工具（玩具交通工具）等，这些都是真实的物品给学生作为评价工具。

第五，图片。使用图片也要根据所教的内容选择，如运动员图片、人体部位图片、颜色图片、交通工具图片、运动项目图片、食品图片和水果图片等都可作为评价工具。

第六，贴片。贴片是较低学段教学过程中使用最多的一种评价工具，如运动员贴片、人体部位贴片、颜色贴片、饮料贴片、食品贴片、水果贴片、玩具贴片、文具贴片、交通工具贴片等。这些评价工具均需根据教学内容来选择使用。

第七，标志。在课堂教学中，老师们经常使用一些标志，如笑脸、平脸、哭脸、五星、花朵、彩旗、奖章、胸章等作为评价工具。

第八，数字。数字是指通过数字反映实际的学习水平，并进行评价。

第九，简笔画。除以上几种评价工具外，教师在课堂上经常结合教学内容使用简笔画作为评价工具，如画文具、动物、人体部位、食品、交通工具等。

三、体育课堂教学评价的要点与对策

（一）体育课堂教学评价的要点

1. 表扬赞美应发自内心

课堂上需要老师与学生融为一体，老师表扬学生是真诚的，发自内心的，使学生感受到老师真的是在表扬自己，让学生体会成功的喜悦，从而进步。如果老师只是为了表扬学生而表扬，会让学生感到这样的表扬很廉价，对老师的表扬没有感觉，久而久之学生就体会不到成功的喜悦了。

2. 表扬应着眼于行为

（1）教师要对学生良好的行为表现给予经常的关注和及时的表扬。学生的心里渴望着自己的行为引起关注，得到赞许。表扬的力量是巨大的，在不断地表扬声中，学生积极的表现会越来越多，消极的行为将随之减少。

（2）要明确表扬的目标是行为，而不是学生本身。教师应该把注意力都集中到学生的行为上。

（3）方式得当。表扬要具体明确，因为这样的目的是增加所期望的行为，要让学生知道究竟哪一种行为受到了表扬，表扬越具体明确，学生就越容易理解，并且重复这一行为。

（4）表扬学生的进步，首先要确立一个目标。当学生的行为向这个目标前进时，即使进步渺小，也要提出表扬。比如，你的目标是要求学生体育课下课后自己收拾好器材，如果有一次他把一个用过的器材放在器材筐里，就要提出表扬。当学生表现出了好的或者教师所期待的行为时，要马上表扬，及时的表扬才能更有效，对年龄越小的学生越应如此。

（5）表扬的方式还有适合学生的年龄阶段。对大一点的学生习惯表扬的方式含蓄一些，可心领神会地向他们眨眼睛，或者竖起大拇指表示自己已经注意到他做得不错。

（6）表扬要针对需要。对学生进行表扬时，无论是精神表扬还是物质表扬，都要针对学生的需要进行，这样才能收到更好的表扬效果。体育老师在针对学生进行教育时，不妨改变对学生的关注点，用老师的细心、爱心和耐心，发现学生的闪光点，赏识他，增强学生的自信心。对优等生进行表扬时，不妨提出更高的要求，激励他迎接更高的挑战。

积极的学习情感是学生自主学习的不竭动力。体育教师不仅要具有敏锐的观察分析能力，善于发现学生在体育课中的优点，还要善于把这种发现转化为对学生的鼓励赏识，这样学生感觉到自己的努力、自己的练习被关注、被赏识，才会始终保持对体育课的积极情感。

（二）体育课堂教学评价的对策

1. 重视课堂评价的适时性

有益的教师反馈应该是具体的、描述性的和及时的。每一个精妙的回答，每一次认真的练习，每一次好的表现，教师都要不失时机地给予鼓励和表扬。哪怕是一句简单的话，一个赞许的目光，都是对学生极大的鼓舞，有利于培养学生积极的自我接纳态度，帮助学生体会学习成功的愉快，体验当一个好学生的快乐，体验不断进取的乐趣。教师给予学生及时的反馈，如他们对问题的看法为什么是正确的，或者为什么是错误的，不但能帮助学生明确自己的实力所在，同时还可以进一步开发他们的潜力。

2. 发挥课堂评价的多元性

教学本来是教师与学生双主体的多边活动，教学过程的开展要以教师和学生共同的活动为载体。学生始终是评价的主体，学习评价应注重学生本人在评价中的主体作用，改变在课堂上学生是被评价对象，教师是绝对评价者的评价状况。教师可以采取以被评价对象为主，教师、同学共同参与的多元评价的方法。在评价中，学生可以通过"我的表现""我进步了"等自我评价形式提高他们的自主意识、反思能力与学习的积极性和主动性，增加学生自主发展的动力，从而有效地促进发展。还有"小伙伴眼中的我""老师的话"等形式的评价，从不同角度为学生提供有关自己学习、发展的信息，帮助学生更全面地认识自我，帮助家长、教师获得多方面有关学生学习、发展的信息。让学生本人、同学、教师都参与到评价中去，促进学生的发展。

3. 注意课堂评价的过程性

由于学生获得知识的过程和方法不一样，获得的情感体验就不一样。课堂评价要以学生的努力程度作为重要参数，主要考查学生在具体的学习情境中，是否积极主动地参与了运动，是否乐于与同伴进行交流合作，是否具有运动的兴趣和克服困难的精神，是否真正地开动了脑筋思考问题。真正重视过程的评价应该运用建构性的语言给学生以明确、清晰的建议。而这种建议一次一般只能集中于一个学习点的改进上，目的是可以让学生有更明确的方向。

4. 讲究课堂评价的艺术性

教师应能够正确地看待每一个学生，以发展的眼光面对发生在学生身上的点滴小事，允许学生犯错误。学会幽默，使用艺术化的语言，讲究表扬和批评的方式方法，这将直接影响学生参与体育运动的热情。课堂评价，特别是批评学生，要注重保护学生的自尊和人格，要给学生留一点面子，不要挫伤了学生练习的积极性。学生在课堂练习中出现了问题，不要简单地否定，要鼓励他们认真学习、认真思考。

课堂是教学评价的重要场所，课堂评价要充分尊重学生的主体地位，关注学生的发展和情感，才能增加学生对体育教师的亲近感和信任度，学生才能真正体会到体育运动的乐趣。

5. 重视课堂评价的层次性

针对学生的实际水平，可采用分层教学评价，教师根据平时对学生各方面表现、能力的观察，在心中把学生分成若干个不同的层次，当学生发言、练习时，教师用一把弹性的"标尺"（即不同的要求），关注每个学生在动作技能中的点滴进步和变化，做出评价。教师要发挥评价的多种功能，与点拨、引导等技巧融会贯通，使运动技能水平本身发展较前的孩子更上一层楼，让他们更富有创新意识，思维空间更加广阔，动作技能发展更为突出；对运动技能暂时滞后的孩子，体育教师要在肯定其努力、进步的同时，给他们指明继续努力的方向，也要在提醒、批评的同时，教给他们改进的方法，使其感受到"只要我努力，一定会有提高"。面对不同水平的学生，只有体育教师灵活而富有启发性的评价，才能确保每位学生在每一次的体育课运动中都有不同程度的成功体验。

第五章　现代高校体育教学实践的组织与开展

第一节　高校体育教学的课堂准备

"课堂教学是学校教育的基本组织形式，为了全面实施素质教育，教师必须更新教学观念，改进教学方法，优化教学结构，提高课堂教学的有效性，从而让学生的身心得到健康的发展。[①]"

一、高校体育课堂教学备课的意义

备课作为整个体育教学活动中的首要环节，它对教师本身的素质与能力的提升，以及教学活动质量的保证都具有非常重要的意义。

第一，对于教师来说，扎扎实实地做好备课工作，能够促使教师深入地了解教学对象的接受能力、发展需求、兴趣爱好等，同时不断提升教师对教材的理解，掌握其中的关键点以达到育人的目的，这是一个在课前不断探索和学习的过程，也是一个提高教师业务水平和能力的过程。

第二，对于教学活动来说，备课能够使教师充分做好课前的准备工作，在教学实施前有完整、系统的思路，使复杂的教学活动变得有序，认真备课是确保教学成功的首要环节，课前准备是实现安全、有效教学的坚实基础。

因此，备课不仅是教师不断丰富自己教学经验和提高文化水平、专业知识、业务能力的重要途径，更是确保课堂教学目标实现的重要前提和提

---

① 王震，王一博．提升高校体育课堂教学有效性的策略探析［J］．农家参谋，2018（07）：161.

高教学质量的基本保证，同时，备课为说课活动提供了可靠而系统的内容体系，也为上课勾画了预期的蓝图。

二、高校体育课堂教学备课的重点

（一）了解学生发展规律

了解学生是备课中的一项重要内容，学生不仅是教学的对象，而且是学习的主体，教学是师生的双边活动，只有教师的积极性而没有学生的主动性是很难上好课的。备课不了解学生的情况，就很难掌握好适宜的尺度，因为，教学内容的安排要考虑学生的机能状态，教学任务的确定要依照学生的素质水平，教学方法的选择要推敲学生的接受能力，运动负荷的大小要适应学生体质的强弱。

人类动作发展对体育学科的学习来说是非常重要的支撑理论，因为体育学科本身以身体练习为主，在学习技能的过程中，其基础就是动作，因此，教师要了解动作的发展规律、动作的发展特征以及动作的发展序列。教师在备课时，所选择的教材、内容要符合该年龄阶段学生的动作发展规律，并且能够诊断学生动作能力或技能水平是否符合特定年龄段的发展水平，以及识别学生动作发展的正常序列，避免动作发展滞后带来的学习和生活障碍。

体育学习最重要的就是为后续的发展打下良好的基础，而这一基础就是发展好学生的基本动作技能水平，这样能够更好地为后续的体育学习和锻炼打下坚实的基础，动作技能的学习与发展是一个不断变化的过程，它是遵循人类动作发展的序列而发展的。

（二）体育与健康学科核心素养

1. 运动能力

运动能力是体能、技战术能力和心理能力等在身体活动中的综合表现，是人类身体活动的基础。运动能力的具体表现形式如下。

（1）体能。体能是学生竞技能力的基础，是学生身体机能能力、体育运动能力的综合体现，一般而言，体能是通过力量、速度、耐力、灵敏、柔韧、协调等运动素质表现出来的人体基本的运动能力，是运动员竞技能力的重要构成因素。

体育课对学生进行体能训练，不仅是由它的学科特点所决定，也是当今社会对高校体育的诉求，为此，作为一线体育教师，虽然无法改变社会、制度、环境等因素，但是可从自身做起，从体育教学有效设计的角度，研究制定运动项目教学指南，利用体育课堂教学这块阵地，切实提高学生的运动技能，发展体能，为学生体质健康水平的提升增加一些助力，努力提高体育教学质量，使学生养成终身体育锻炼的习惯。但学生的在校时间是有限的，所以也需要家长利用学生在家的时间带领孩子积极参与体育锻炼，促成课内课外一体化，以促进学生体能水平的提高。

（2）技术、战术能力。技术更多的是针对个人而言的，是指学生对学习的动作内容掌握的程度；战术则不仅仅是针对个人而言的，对于集体项目来说，战术更多地会涉及多人的协作配合，这体现学生通过学习后运用技术与对情境理解的能力。因此，技战术能力主要是指学生通过学习和练习后，对相应技术与战术的运用能力，对体育学科来说，这是核心素养中需要培养的重要方面。

（3）心理能力。运动员心理能力即指运动员与训练竞赛有关的个性心理特征，以及依据训练竞赛的需要把握和调整心理过程的能力。一方面，在竞技运动训练与竞赛中，运动员的体能、技能、战术能力以及运动智能，都只有在其心理能力的参与配合下，才能得到充分的体现；另一方面，在不同的条件和不同的状况下，心理能力在运动员竞赛能力中的价值也有所不同，不同类型的运动项目对运动员的心理能力有着不同的要求，不同水平的选手比赛时心理能力的作用也不同。

2. 健康行为

健康行为是增进身心健康和积极适应外部环境的综合表现，是提高健康意识，改善健康状况并逐渐形成健康文明生活方式的关键。随着我国社会经济的快速发展，青少年对社会的接触也越来越方便，部分青少年开始接触一些不健康的行为，极大地危害了青少年的健康成长，而体育锻炼是促成青少年健康行为的有效的重要手段之一，所以体育课堂的合理教学有着十分重要的意义，体育教师需要使用有效的教学策略，增加学生对体育课的兴趣，提高体育课堂的效率，培养学生科学从事体育锻炼的意识和习惯，从而培养学生的健康行为。

3. 体育品德

体育品德是指在体育运动中应当遵循的行为规范，以及形成的价值追求和精神风貌，对维护社会规范、树立良好的社会风尚具有积极作用，体育品德包括体育精神、体育道德和体育品格三个方面：体育精神包括自尊自信、勇敢顽强、积极进取、超越自我等；体育道德包括遵守规则、诚信自律、公平正义等；体育品格包括文明礼貌、相互尊重、团队合作、社会责任感、正确的胜负观等。

培养学生良好的体育品德是德育的重要内容，也是体育学科所赋予的内在要求，是由其自身的学科特点所决定的，如对于篮球项目来说，个人技术能力固然重要，但又不能因为注重个人意识，而一味地凸显自己的实力，忽略团队成员之间的协作和相互配合，因为即使所有队员的个人能力都很强，也未必能取得最终的胜利，在体育竞技中，既要求参赛队员发挥个人能力，又需要团队的合作，因此，在体育课的预先设计中就应注重学生合作意识的培养，这是体育课程改革中对体育育人功能的进一步彰显。

（三）支持性条件

支持性条件主要包括高校的场地、器材、人员等各种人力和物力资源情况。体育教学的开展必须要依赖高校的场地、器材来进行，因此教师在备课的过程中就必须要清楚高校所具备的条件，以便于所设计的体育课能够顺利开展，同时，了解、分析高校的场地和器材，也会为教学资源开发改造提供基础。体育备课时可以通过思考对高校现有的场地、器材等各种资源进行开发改造，来促进教学，备课也好，上课也好，最终依托的就是高校的物质基础，认真分析高校的客观条件，充分思考所在的外部环境，才能使所备的课具有适宜性。

第二节　高校体育教学的课堂组织与管理

一、高校体育课堂教学的组织

（一）体育课堂教学过程的组织

1. 根据体育课特点组织教学

首先，抓好体育课堂常规的组织教学，体育课堂常规是规范体育课的必要条件，教师必须严格认真，坚持不懈地抓好体育课堂常规教育；其次，抓好体育课各阶段的组织教学，体育教学过程是由开始、准备、基本、结束四个部分组成的，由于四部分教学内容和学生情绪各不相同；最后，教学中教师要灵活地组织教学，充分调动学生的学习积极性，切忌出现先紧后松、虎头蛇尾的不良现象。

2. 根据教学内容特点组织教学

（1）相同教学内容的组织教学。体育课中，同一教学内容在不同课时中重复练习的难度要求是不一致的。如：一年级投掷内容，第一次课是要求学生初步学会投掷方法；第二次则要求学生进一步掌握投掷技术等，之后每一次课对动作的难度要求都有所提高，对此，教师在教学中对同一教学内容如果每次都采用同样的组织教学方法，学生自然会感到枯燥无味而分散注意力，因此，教师要根据动型规律逐步提高动作难度，适当改变组织教学方法，激发学生的学习兴趣。

（2）不同教学内容的组织教学。大学体育包括田径、球类、技巧、武术、体操等多种教学内容，不同的教学内容有其不同的特性，因此，教师在教学中要善于把握教学内容特点，挖掘教学内容潜力，将组织教学与教学内容特点有机结合，改变传统中单一的千篇一律的组织教学形式，变学生被动地接受为主动地学习，从而充分发挥每个学生的主动性和创造性，提高教学效果。

3. 根据学生生理与心理特点组织教学

学生的生理和心理特点主要表现为：有意注意时间短，兴奋过程和无意注意占优势，好奇、好动、好模仿、好竞争等。同时，一节课中，学生的注意力、意志和情绪等心理活动的变化也是不同的，教学中，教师要充分利用学生生理和心理特点组织教学，合理安排教学内容，由于学生注意力在课的前半部达到高峰，意志力在课的中后部达到高峰，情绪则在课的后半部达到高峰。根据这一特点，教师在组织教学中应把新教材安排在课的前半部分，有利于学生对新教材的学习、理解和掌握；在课的后半部分则应安排一些竞争性、游戏性较强的内容，激发学生兴趣，同时，要做好主教材与辅助教材的搭配，尤其要抓住主教材与辅助教材的内在联系进行组织教学，以提高教学效果。

（二）体育课堂教学的组织形式

1. 编班分组形式

目前我国体育课常用的编班分组形式有：① 按自然行政班上课，可按原班男女生混合上课，多用于体育教师较少的高校里；② 按男女生分班上课，可将同年级若干班级的男女生先分别合起来，再按编班容量分成男生班、女生班分别上课；③ 按选项模块分班上课，可将具有相同兴趣和爱好的学生组成若干个班，再以班为单位分别上体育课。

2. 分组教学形式

（1）教学分组。教学分组有以下三种。

第一，随机分组就是按照某种特定的方法或标准，将学生随机分成若干小组，小组成员之间没有共性，小组间也没有明显差异。随机分组简单、迅速，具有一定的公平性。缺点是无法很好地做到区别对待，无法考虑学生的兴趣爱好与体育需求，不能满足学生个性的发展及需要。

第二，同质分组是指分组后同一个小组内的学生在体能和运动技能上大致相同，同质分组的方法在教学中常自觉和不自觉地得到运用。

第三，异质分组是指分组后同一小组内的学生在体能和运动技能方面均存在显著差异。异质分组不同于随机分组，是人为地将不同体能和运动技能水平的学生分成一组，或根据某种特别的需要对异质进行分组，从而缩小各小组之间的差距，以利于开展游戏和竞赛活动。

（2）分组教学。分组教学是根据课的教学目标和要求将全班学生分成若干小组分别进行练习，以实现教学目标的教学组织形式，一般可分为以下两种形式。

第一，分组不轮换是将学生分成若干小组，在教师统一指导下，各组按教材内容安排顺序，依次独立进行学习，完成教学目标，其优缺点与全班教学基本相同，凡是场地器材条件充足的高校，应多采用这种教学形式，以便提高练习效果，发展体能。

第二，分组轮换是将学生分成若干组，在教师的指导和小组长的协助下，各组分别学习不同性质的教材内容，按规定的时间轮换学习内容的教学组织形式。目前，高校体育教学较多采用这种教学组织形式，这种形式的优点是在班级人数较多、场地器材不足的情况下，可以使学生获得较多的实际练习的机会，提高练习的密度，培养学生独立学习的能力，有利于学生开展互帮互学，培养学生自学、自练、自评能力；缺点是教师不易全面指导学生，不易合理安排教学顺序和灵活掌握教学时间，不能使各组的运动负荷达到逐步上升的要求。

（三）建立合作学习小组

合作学习也就是成立两人或两人以上的学习小组，建立合作小组是合作学习的一个重要环节，如何组建这个小组对合作的效果也起着至关重要的作用。在合作学习实施中小组分得是否合理、得当与学习效率的高低密切相关，这就要求我们的体育教师在安排合作学习之前要深入了解自己的学生，提出一个科学灵活的组建方案，可以由体育老师或班主任合作将全班学生依其性别、学业成绩、个性特点、家庭、社会背景、守纪状况等方面的合理差异组成组内异质，组间同质的合作学习小组，也可以用一节课时间进行学生原始成绩的测试，根据学生的原始成绩，同质或异质组建合作学习小组。

小组合作学习的教学策略有利于促进学生的主体性发展，要进行小组合作学习必须转变教学观念，必须建立集体教学、小组合作学习与个别指导相结合的有利于发展学生主体性的教学组织形式，体育教学中进行小组合作学习，有利于建立学生间和师生间的良好人际合作交往关系，有利于促进学生的主体性发展，提高运动技术水平，更好地体现体育教学的实效性。

二、高校体育课堂教学的管理

（一）建立体育课堂教学常规

1. 课前的常规

教师课前的常规包括以下两点。

（1）教师课前的准备和编写教案。教师课前应主动与班主任及体育干部约定，及时了解所上体育课班级的学生情况，并根据了解情况认真备课，写好教案。

（2）场地、器械的准备和清洁卫生工作。应组织指导学生或亲自动手，及时布置和检查场地，准备教具，一切准备工作应在课前准备就绪。

学生在体育课前应充分休息，饮食适度，若因病、伤，女生例假不能正常上课，课前由体育干部或学生自己主动向教师说明，教师应根据不同情况，分别妥善安排。师生在检查和整理好自己的服装（只能穿运动服、运动鞋）后，应按约定的课前几分钟到达规定的集合地点，等候上课。

2. 课中的常规

（1）教师课中的常规，包含以下内容。

第一，教师待体育干部报告后，向学生宣布课的教学目标、内容要求等教学安排，并指出这节课易出现的安全问题，然后逐步按计划进入教学状态。

第二，教师按教案进行教学，在无特殊情况下，不得随意更改。关心爱护所有学生，对学生进行适时鼓励，与学生共同创建和乐的教学气氛，检查见习生执行规定的目标、要求等情况的规定，以求面向全体学生。

第三，课结束时，进行小结和讲评，让学生及时知道课中的表现。提出课后学习的要求，预告下节课的内容，布置学生课后归还器械和场地整理工作，有始有终地结束一堂课。

（2）学生课中的常规，包含以下内容。

第一，学生准时按指定地点集合上课，上课铃响后，体育干部进行整队，向教师报告班级情况。

第二，学生上课时，要专心听讲，仔细观看教师动作示范和启发引导，并积极思考，分析理解动作要领，有疑难问题及时提出，有机地把大脑思维与动作练习结合起来。

第三，学生须自觉遵守课堂纪律，爱护场地、器械，在教师的引导下，与教师共同学习努力完成课的各项目标。

第四，课结束时，学生进行自我评价和对他人评价，并协助体育教师归还器械和场地整理工作。

3. 课后的常规

（1）教师每次课后，应及时进行教学反思，并做好书面总结，总结经验，提出改进措施。

（2）教师要检查学生课后归还器材工作的执行情况，以保证下节课教学的正常进行。

（3）对缺课的学生，要做好书面考勤记录，并进一步地调查清楚，必要时给予补课或课外辅导。

（二）合作学习小组的形式与管理

1. 合作学习小组的形式

（1）自主结合。在体育教学中，许多练习内容可以让学生自主结合成为练习伙伴，由于平时的相处有较深的了解，感情融洽，在体育技能的练习中，他们会合作得很好，互为指导者，互相切磋技艺，取长补短，彼此都能为对方较准确地完成动作而由衷地喝彩。自主结合在形式上虽与传统的分组教学相似，但在组成原则、方法和指导思想上则完全不同，它突出了学生性格的相似性、交流的接近性、帮助的互补性，使学生学习目标整合，志趣相投、心理相容、智能互补，社会交往动机得到较好的满足。

（2）自主学习。体育教学过程是学生自主学习能力发展的过程，教师应以学生认识问题和解决问题的能力为出发点，培养学生的思考能力、观察能力和实践能力，在创设情境下不断启发学生思维，找到发挥学生自主性的引子，将管理约束性的教学改为启发、宽容、帮助性的教学。

（3）自由选择练习手段。学生之间存在着身体素质差异、生理差异、个性爱好差异及学习目的态度和方法上的差异等，教师在教学时，要根据教材内容有针对性地提出多种练习手段，由各合作学习小组群体讨论，结合本小组实际选用学生喜欢的、新颖的练习，可以多选多练，学生不喜欢的练习，可以少选、少练或不选、不练，达到学生自己选择练习手段的目的。

2. 合作学习小组的管理

（1）选择适当的合作时机。教师应根据教学内容、学生情况和教学条件等，选择适当的内容、时机和次数让学生进行合作学习，一般来说，较简单的学习内容，只需要开展全班教学，而较复杂、综合的学习内容，则可以采用小组合作学习方式。

教师要根据教学内容的特点精心设计小组合作学习，为学生提供适当的、带有一定挑战性的学习任务，合作学习的任务，可以是教师在教学的重点、难点处设计的任务，也可以是学生主动提出的，但一节课中不宜安排过多的小组合作学习次数和时间，防止形式化。

（2）建立有序的合作规则。小组合作学习能使课堂气氛活跃起来，但同时也给维持教学秩序带来困难，很容易使课堂教学产生看似热闹实则混乱的局面，这就需要一套有序的合作规则，规则可以全班同学一起制订，并通过强调和平常的要求形成习惯。

（3）营造良好的学习氛围。教师要为小组合作学习营造一个宽松、自由的学习氛围，采用多种形式鼓励学生尤其是学困生积极地参与活动，让学生充分体会到合作学习的乐趣，同时，教师也应平等地参与到小组合作学习中去，也要提供充足的合作学习时间，没有一定的时间，合作学习将会流于形式。因此，教师要给学生提供充分的练习、探究、讨论、交流的时间，让每个学生都有机会和相互补充、更正的时间，使不同层次学生的智慧都得到发挥。

（4）采用多样化的评价和奖励方式。教师除对小组学习结果要进行恰当的评价外，更要注重对学生的合作态度、合作方法、参与程度的评价，要更多地去关注学生的交流、协作情况，对表现突出的小组和个人应及时给予充分的肯定和奖励。

（三）体育课堂教学的沟通技巧

1. 情感的沟通

（1）积极的意愿与教师个人的态度调适。师生沟通必须双方都有积极的意愿，而处于教学主导地位的教师个人态度调适，对双方沟通起着主要作用，其沟通技巧具体体现在以下三个方面。

第一，保持好的心情。体育教师工作复杂而劳累，有时实在令人难以挤出一丝笑容来面对学生，也常因为个人的状况而难以掌控自己的情绪，在盛怒或烦躁之下，极易发生冲突。事实上，拥有一个好心情走进课堂，常常会从中找到自己和学生的可取之处，试着每天提醒自己带着好心情来到高校，相信和谐、融洽、轻松的师生关系会感染大家，学生对体育运动会更加喜爱。

第二，给予爱与关怀。身为教师我们通常能够很大方地给运动素质好、表现优异的学生积极的爱、支持与鼓励，对运动素质较差及令人头痛的学生常常是挑剔和指责，对于表现平平的学生则把他们放在无须多加照顾的地域。事实上，被爱与被关怀是每个人最基本的需求，对每个学生来说，他们都希望得到正向的爱与关怀。

第三，保持弹性，创造幽默。师生相处需要一些润滑剂，坚持立场容易让双方关系卡住，此时教师如能加入一些幽默的言语，则可缓解紧张的气氛，增加师生关系的动力。

（2）对话与理解。以教师为主导、以学生为主体的平等、合作式的新型师生关系，强调的是教师与学生之间不能是教训与被教训、灌输与被灌输、征服与被征服的关系，而应是平等的、对话式的、充满爱心的双向交流关系，通过这个对话的过程，教师和学生要达到一种主体间的双向理解，教师不再是凌驾于学生之上的唯一权威，师生双方都是主体，双方一起探究世界、探究知识。

（3）与学生建立和谐的关系。良好的互动关系基础不应只是建立在正式的课堂教学中，虽说技能学习是体育教学的重要目的，但绝不是唯一目的，教师可以影响学生一辈子，但前提是教师与学生建立了良好的关系，且互动是以学生的感觉为基础，否则对学生的影响力就很有限。因此，和谐关系所代表的意义，即学生信任、尊重教师，教师同样热爱学生，学生积极与教师合作，努力完成教师为他们所设定的教学目标，教学活动会更有趣。

2. 信息的沟通

（1）传送与接收信息的技巧。有效的沟通存在于聆听后能解读传送者所想要传达的信息。正确、清楚的传送信息方法主要包括：① 尽量使用易懂和亲善的语言及动作；② 少用主观判断，适当情况下可做些让步，在许可范围内，给学生更多选择空间；③ 试着接受学生的观点，做个细心的听众，以诚挚的态度，仔细聆听学生所提的问题，适时地给予关怀；④ 对学生及教师本身的感觉反应敏锐；⑤ 使用有效的专注技巧，如目光接触、表情、手势等非口语行为。

（2）对学生评价要前后一致。对待学生的行为是否一致是非常重要的，昨天可以接受学生的这类行为，到了今天，却因同样的行为而处罚学生，这样前后不一致的态度，会给学生一个错误的信息，通常被学生视为恶劣的行径，将会严重破坏师生间和谐的关系，因此，体育教师必须了解学生哪些行为是可以被接受的，哪些行为是需要立即阻止的，然后，进一步观察学生这些行为的实际表现。

（3）爱与平等。爱与平等就是要用爱心去对待每一个学生，尊重每一个学生的差异性、创造性、运动能力，随着课程改革的运行，教师的角色要由传统意义上知识的传授者和学生的管理者转变为学生发展的促进者、帮助者，要让学生真正成为学习的主人，成为个体发展的主人，而这所有的一切必须以爱为前提。教师要在学生中树立威信，但这种威信不是靠外在的管制与压迫，而是源于教师的人格、学识和智慧，从而受到学生的尊敬与信任。

第三节　高校体育课堂教学的风格与节奏

一、高校体育课堂教学的风格

　　"教学风格对体育教学效果有着重要的影响,这不仅表现为影响学生的学习风格、态度的形成、个性特征的培养、人格素质的发展,而且对学生的兴趣、情感、合作精神的养成、学习氛围的创建以及学习效率和进度等方面均有重要的影响。[①]"教学风格是教师在长期的教学实践和教学改革中的大量探索相结合的成果。这种成果具有教师个体的独特性、创造性和稳定性,是教师的个性特点与审美风貌相结合的结晶,同时教学风格是青年教师们在教学领域中所追求的理想目标,也是对形成自己个性特征的教学艺术的追求。

　　教学艺术是教学主体在进行灵活的、创造性的教学中所表现出来的富有审美感的表现方式方法的综合。"教学艺术的合理运用,不仅能向学生传授体育专业知识,并提高专业技能,使师生之间的情感发生共振,给予学生一种美的享受,还对于提高教学质量,完成教学任务具有重要的意义。[②]"教学风格是教学主体的具有独特性和稳定性的教学个性特点与审美风貌。风格是在教学艺术的基础上形成的,而教学艺术只有发展成风格才会成熟和达到完美,二者有内在的联系。教学艺术论主要研究教学的一般的艺术表现方式方法,而教学风格论则侧重研究教学风格的本质、形成与创立风格的规律等。风格不等同于艺术,艺术更一般,风格更特殊;艺术更普通一些,而风格的层次更高一些。

---

① 李海兰,施小菊.体育教师教学风格研究进展 [J].福建师大福清分校学报,2019（05）：110-116.

② 水亚军.浅论如何提高体育教师的教学艺术 [J].体育世界（学术版）,2018（05）：14-15.

（一）高校体育课堂教学风格的特征

1. 民族性特征

每一个民族都有其历史渊源，都有属于本民族的历史文化积淀，因此表现出来的体育文化也不尽相同，高校体育是社会文化的一个组成部分，理应具有其民族性。从体育项目的传统性来看，如蒙古的骑射、日本的相扑、美国的橄榄球、韩国的跆拳道、中国的武术等，都是一个民族特有的文化，也反映出了一个民族的性格和某些社会心态。

另外，每个民族的科学技术发展水平不一，经济发展也不尽相同，它们的教育也必然有差异，因而表现出来的体育教学风格也绝不相同，而具有民族性。体育教学的民族性就是一个民族的社会进步和发展给体育、高校体育所带来的特色反映。从我国高校体育改革发展以来，我们提出了一个响亮的口号：为创建具有中国特色的高校体育教学而努力奋斗。那么，具有"中国特色"就是我国体育教学改革的努力方向，它必然影响着我国高校体育教学风格具有我国的民族性特征。这一点比较明显地体现在体育教材建设上，民族传统体育教材的比例逐次扩大，培养和强化的民族精神地位更突出。民族性的表现是与民族的经济发展、社会进步分不开的，同样也是一个民族的精神追求，也与一个民族立于世界民族之林的豪迈气概紧密相连。所以，体育教学风格具有民族特性。

2. 阶段性特征

体育教学风格的阶段性特征，是体育教学风格的时代性特征的鲜明体现和发展。现时的体育教学目标中，已经很明确地提出了培养学生终身体育观念，也就是培养学生的终身兴趣、终身爱好体育的习惯和终身体育能力。这是在高校体育为学生打下良好的终身体育基础的总目标下，除了打下坚实的体质基础外的体育新观念的培养和建立。这是总目标，是学生从小到大，从幼儿园、小学、中学、大学，直至进入社会，一生应建立的从事发展体育活动的观念。这是一个相当长的时期，是不同发展阶段所表现出来的不同特性的组合。所以，其中任何一个阶段都只能完成其本阶段的重要任务，而无法完成全部任务。另外，体育教学在大、中、小学各阶段表现出的教学风格也绝不相同，这是由教学风格建立的实质所决定的。因此，体育教学风格必然会体现出阶段性特征，这是由具体的教学实践所决定的。

3. 综合发展性特征

综合发展其意义还不完全是教学语言和非言语行为的综合发展。体育教学本身的特性就是技术的讲解、动作的示范和队伍的调动以及场地器材布置的综合。一个优秀的体育教师，不但要教学语言精练、科学，动作示范也要标准优美，而且队伍调动要合理，场地器材的布置要有利于学生的学习，所以，体育教学是诸多教学因素的综合，缺其一都无法正常、出色地完成教学。对体育教师的要求应全面，不能只会讲不会做，也不能只是动作漂亮、潇洒，但讲不清楚、讲不明白。全面发展是对体育教师的基本要求，也是体育教师教学风格的特征表现。

（二）高校体育课堂教学风格的体现

体育课堂的教学风格，是一个优秀的体育教师在他的教学实践中的一种客观存在现象，它标志着该教师的教学活动已经达到或能够达到的最高境界，也可以说是教学艺术成就的最高表现。这种表现是教师在长期的教学实践中的教学经验的总结，也是在教学实践的整体活动中逐步发展和形成的某种稳定性，是个性创新特色的教学观、教学方法、教学技巧、教学风貌等的圆满结合。同时，这种表现也是一种高度社会责任感的体现，只有教师的教学观念符合时代进步的要求，并能在时代进步的要求下去发展和表现自己鲜明的个体教学特征，才能达到这样的境界。

高校体育教学艺术的基础，是完全有必要的，其体现在以下方面。

第一，高校体育课堂教学风格是优秀体育教师的课堂教学实践的整体表现，是教师的教学艺术走向成熟的标志。

第二，高校体育课堂教学风格是教师在长期的教学实践中的不断追求，是在持续不断的甚至是艰苦的实践探索中逐步发展和形成的教学艺术的高层次表现。

第三，高校体育课堂教学风格是与教师个体的风度、格调密切相联系在教学中反映出来的个性特征，所以教学风格具有独特性。因此，学习优秀教师的教学风格，绝不能不结合自身的特点而一味照搬，应借鉴适合本人特征的部分，再经过创新，形成自己的典型风格。

第四，高校体育课堂教学风格是体育学科的科学性与教学的艺术性的圆满结合。体育学科所包括的项目很多，一名体育教师不可能对所有的体育项目都精通，所以，必须抓住自己的特长项目，去挖掘教学的艺术性，在体育教学的某些项目和某些方面形成自己的教学风格，不能求全。

第五，高校体育课堂教学风格在层次上是有分别的。高层次的教学风格具有鲜明、独特的个性特征和审美风貌，只有极少数的教育家才具有这样的教学风格。中层次的教学风格具有比较独特的个性特征和审美风貌，这是大多数优秀教师的表现。对于广大的体育教师，要努力形成和发展自己的教学风格，还应从低层次的教学风格开始。教学艺术的体系构建是多方面的，可以从某一方面入手，也就是从本人的特点入手，从小做起、从少做起、从部分做起。这样必定可以从小到大、从少到多、从部分到完整逐渐发展起来，形成个体教学风格，虽然是低层次的，但它是具备高层次教学风格的必经之路。

（三）高校体育课堂教学风格的分类

在实际教学中，课堂教学表现风格给人们的印象是最深刻的，其表现也很具体。当然，它们之间也是有联系、有交叉的，甚至有时候的表现是你中有我、我中有你。但无论怎么联系、怎么交叉，总有一个突出的表现特点。这个特点就是教师经过长期教学实践自我主动追求形成的主要能体现出本人特长的风格，教学风格的具体分类如下。

1. 理智科学型风格

教学的理智是在教学科学性上建立起来的对真理的热爱和追求。教师对知识的掌握具有较强的系统性，并善于概括和推理，注重讲解步骤和徐徐诱导。在对体育运动项目的技术分析中，动作的重点技术和难点技术是泾渭分明、层次清楚、具有逻辑性和说服力的。理智科学型风格的教学语言及非言语行为的运用完全能表达上述特点，并往往以其优美感给学生以深刻印象而更具论证性和征服力，教学方法的选择无论如何千变万化，都有利于教师主体的理智优势的发挥。另外，理智与科学还代表着教学观念上的进步。此类型教学风格的总体表现，已经由单一的生理体育观向生理、心理和社会三维体育观方向转变和进步，教学组织比较考究，追求学生对教学知识的掌握和能力的发展，满足学生的求知欲望。该教学风格使学生对教师格外尊重，主要存在于大、中（高中）学校的体育教学风格之中。

2. 情感艺术型风格

任何教学都是带有情感性的，即使是"放羊式"的体育教学，也会有"消极"情感。情感艺术型教学风格中的情感，是指教师教学的积极性情绪和对自己教学肯定的信心与态度的综合表现，同时也是为满足学生的心理需求，去追求有利教学情境而强化教学效益的心理追求和表现。

情感艺术型教学风格更具教学艺术追求的倾向性、教学艺术表现的深刻性、教学艺术效果的实效性和稳固性；反映了教师知识结构的广度和深度，也表现出教师教学的细腻、准确、亲切自如的情感感受能力，还代表了教师教学追求的精神的感染、情感的陶冶。情感艺术型风格的教学方法的选择有利于教学主、客体的情感优势的发挥。在体育教学实践中，此类型教学风格表现出它的娱乐性、韵律性、健美性、游戏性，大量采用情境教学法、趣味教学法、小群体练习法、发现法、运动处方法等调动学生投入到运动之中的情绪。具有情感艺术型风格的教师能使学生感到亲切，从而能得到学生的拥护和热爱。

3. 谐趣潇洒型风格

"谐"是指幽默诙谐与轻松愉快的和谐氛围的综合，是教师洒脱自然、气度大方、英姿勃发、挥斥自如的个性在教学中的突出表现。谐趣与潇洒相结合，可想教学是多么轻松愉悦，多么畅快而具有吸引力。这种教学风格，教师语言幽默诙谐、富有趣味，令人感到亲切；教师的非言语行为轻松、灵活，能促使学生效仿；教师的教学方法千变万化、不落俗套，不但表现出了教师的眼界开阔、知识渊博，同时也激发了学生的意念和兴奋情绪。在为学生建立的终身体育观念之中，若没有兴趣与爱好，没有欢笑与愉悦，没有教师与学生得谐趣潇洒的感受与体验，是打不好基础的。此类型教学风格在大、中、小学的各类教学风格中都有突出展现，这当然也会使教师赢得学生的喜爱和尊敬。

4. 思导导演型风格

思导导演型教学风格，一方面讲究教学的导入方法与层次，具有课堂教学内容和课堂教学组织的严密性。教学语言经过有序而谨慎的逻辑加工，富有一定的启发性和紧凑完整性。对学生的要求也是严格、一丝不苟的。运动练习次数、运动练习距离及休息时间都有恰当的安排，注重运动实效。课堂气氛稳重，内容充实，要求统一。当然，也不排除个性特征的培养和发展，但这种培养和发展是有计划、有安排、有层次的。另一方面强调教学过程中学生的主体地位。就像舞台演出一样，导演（教师）在幕后，演员（学生）在舞台上演出。教师教学的任何手段与方法、任何教学艺术的体现，都是通过学生的活动有形地表现出来的。教是为了学，教师是师，也更应该是学生的挚友，要求要严格，但要讲教学民主。教师的一切练习计划都交给学生，通过教材的启发、诱导和调度，让学生自主地、自觉地完成教学任务，达到学生自己较满意的目标。教师应当好导演，也只有好的导演才能培养出好的演员。思导导演型教学风格也可看作是一种开放的、非"正规传统"的教学形式的探索，符合素质教育的思想，符合培养"现代人"的潮流，可在中（高中）学段的教学风格中提倡。这种教学风格的教师能得到学生的信任和尊敬，将使学生终身受益。

5. 雄健明畅型风格

雄健是一种气势，明畅是一种感受。雄健的气势是刚健有力的表现，是阳刚之气；明畅是流畅自如，是"自然"之风。雄健明畅型教学风格在形式上追求简练、明确、刚健、自然、不做作。这在很多较剧烈的运动项目中体现较突出。例如，体育教师所学的专业是田径项目中的中长跑，那么他在进行中长跑运动（耐力素质的训练和提高）教学时，无论是在大场地（田径场）还是在小场地，他的教学设计的教学艺术的表现往往给人以雄健、明畅之感觉和阳刚、自然之风度，给学生的感受是一种劲力的推动，一种气势上的奔放。雄健明畅型风格很注重教学难度的处理或变向加工，既注意教材本身的"烈度"，又需调动一切因素去"减负"，尤其是从精神紧张状态和激烈刚强的表露中去求其自然的顺势。这种教学风格在大、中、小学各年级的男性教师中都可能出现，学生对此类型教学风格的感觉是强烈的，它的艺术感染力对学生也是有吸引力的。但必须注意，这种教学风格的实施、教师的情感投入应该经过周密的加工，以给予学生高品位体验。

6. 其他综合型风格

其他综合型教学风格有以下三层含义。

第一，其他综合型教学风格是以上五种教学风格类型的综合运用，或是以一种类型为基础，其他各类型予以补充、扩展。

第二，以上各类型风格所不包括的类型的综合运用，或是随着高校体育教学改革的深入，新的教学观念的出现，教学课堂的开放，大学体育的教材内容、教学组织形式、"教"与"学"的关系地位的不断变化，即在现代体育教学飞跃发展的环境下涌现出来的各种新的教学类型。

第三，在较长时期的中小学体育教学改革具体实践中，很多优秀教师很注重体育场地和体育器材的创新和运用，出现了器材改革带动教学方法和手段创新的教学艺术表现。此类器材的创新，多以小巧灵活、使用多变和极具趣味性和实效性而受到小学生的欢迎，而且增大了练习密度、增强了运动强度。

当然，一种器材的创新或原有器材的创新运用，不能算是一种教学风格，但在此说明的此类型教学风格，是指在体育教学改革实践中，有部分教师很注重教学器材的创新运用和小型体育器材的创新，这样的创新运用与创新经常出现在他们的教学课堂之中。另外，他们对场地的设计运用与布置都很讲究，使其科学合理、美观实用，给人以"兴趣"和急切"投入"的感染。这不是一两节课的偶然现象，而是已形成了一种教学习惯和作风，体现出一种对场地器材高层次运用的艺术追求，形成了一个类型的教学风格。其他综合型教学风格表现出它具有更广的适应面和创新性，也是广大体育教师在高校体育教学中所表现出来的具有极大热情的，追求更高教学境界和教学效益的理想类型。

以上分析了体育课堂教学风格的分类，其主要目的是了解体育课堂教学风格存在的各种内涵，了解体育课堂教学风格是依据教学实践的变化而千变万化的，没有高低优劣之分，凡是能极大地提高教学效益的体育课堂教学风格就应在教学风格分类中占有一席之地。同时，对体育课堂教学风格的分类，为广大体育教师的教学实践提供了一些便于操作、实用的教学风格的选择；也为广大体育教师能根据自身特点去参考、追求和形成更多的卓有成效的教学风格提供参考；真正、全面、更好地为提高各阶段各类学校的体育教学质量服务，使体育为学生德、智、体全面发展的伟大事业做出贡献。

二、高校体育课堂教学的节奏

体育教学节奏，是一个较复杂的综合节奏的表现，在体育教学的外显特征上属于教学节奏的范围，而在其教学内容的运动特征上又属运动节奏的技术要素的显现，具有双重含义，因此更具复杂性，其掌握难度也相应较大。

（一）高校体育课堂教学节奏的特性

节奏特征是节奏的本质属性，对节奏特征进行探讨的价值在于更好地认识和掌握课堂教学节奏的变化规律，为追求和形成具有个性特长的教学艺术打好基础。

第一，节奏变化的多样性。节奏变化的多样性是由节奏内部构建的各个特性所决定的。教学密度、速度、量度、难度、强度及教学激情的不同高低、强弱的组成规律变化，以及不同时段、不同情境的穿插、交叉的使用手段，都可组成各具特征的多样教学节奏。对于同一运动技术而言，它具有完整的该运动的技术节奏，同样也具有其中部分技术的运动节奏变化。不同的运动技术的节奏表现就更有差异了。

第二，节奏变化形式的相对稳定性。节奏变化形式的相对稳定性是与节奏变化的多样性相辅相成，二者既统一又各具特性。节奏变化形式的稳定性表现在构成体育课堂教学节奏的六大可比成分因素皆可按照"弱（低）—强（高）—弱（低）"或"强（高）—弱（低）—强（高）"的趋势变化，使之形成教与学过程所需的一次或多次循环，造成一次或多次小高潮，使教学跌宕有致、起伏自然。当然，这种节奏变化趋势也可以由渐强或渐弱的变化综合组成，所以节奏变化的多样性与它的出现形式的相对稳定性是同时存在的。

第三，节奏运用的独特性。独特性是教学艺术的特征，也是组成不同教学艺术系统建构因素的组成特征。教学风格也对不同教学艺术的追求而显示自己的独特性，教学节奏在多样性基础上，也显示出不同设计者对不同教学节奏追求的独特性。另外，不同运动项目的技术节奏，无论是完整技术还是分段技术，它的多样性的特征表现，对该运动来说，就构成它的技术节奏的独特性表现。而且，因教师的个性特征的差异，他们的认识水平和"把握度"都会在不同运动项目或相同运动项目的技术节奏教学设计和现场实施中，表现出与其个性特征相符合的教学的独特节奏。没有教学节奏的独特性特征表现，就没有其多样性特征的存在。

第四，教学节奏发展的阶段性和重叠性。节奏高低、强弱或穿插、交叉都具有重叠使用、分段循环的特性。有些可比成分因素可以在同一时间或阶段重叠使用，如高强度与高激情度、高激情度与高重点度皆可重叠出现。

第五，节奏的科学性。节奏的科学性主要是指六大可比成分因素的综合运用，必须符合教育规律，符合学生身心发展规律。比如高密度与高速度、高难度与高速度、高密度与高难度以及高难度与高强度或某些项目的高量度都不宜在一节课或同一阶段重叠使用或反复使用，只能穿插或交叉出现。例如，密度大、难度大时，速度宜慢；难度大、速度快时，密度宜小。在强度的安排上，应更具科学性。另外，课的开始和结尾一般不宜安排高难度、高密度、高强度和高速度的内容。而高激情的内容更要与具体教材的需要相结合，预先应有一个设计，不能反复、重叠使用太多。

以上因素在教学实践中有若干组合，一定要注意使用得当，注意科学性，因时、因地而异。

（二）高校体育课堂教学节奏的构成

体育课堂教学过程是一个由多种因素组成的，包含着教学与运动不同特征的节奏交替变化的复杂过程，既有教学节奏的变化，又有典型的多种运动节奏的变化。但是，体育教学与体育运动和训练具有完全不同性质的不同含义，从内容到方法、手段都有不同属性。从追求的目标上看，体育教学是为"健康第一"的指导思想服务，体育运动和训练是为满足人们生理、心理追求和创造运动成绩的。体育教学要的是"健康"，运动训练要的是"极限成绩"，因而其节奏的设计、运作和表现是不同的。

1. 教学密度

教学密度是指单位时间（一节课）内完成主要教学任务的"数量"可比程度，分为一般密度和运动密度。

一般密度主要是从教学概念出发的，指具有"质"的特性的有效信息总量和一节课总时间的比，是课堂教学的综合密度。那么这个具有"质"的特性的有效信息总量就应该包括：教师的合理讲解、指导；课的组织和合理的队伍调动；学生的有效活动（学生的练习和必要的休息）等。

运动密度是指学生各项活动合理运用的时间与总时间的比，又称学生练习密度。不管是何种密度，其比例都是教师根据教学计划制定的教学目标，根据其教材任务而预先有目的地设计和实施的。一般而言，一节课中知识有效信息量传授得越多，其教学密度就越大。对教师对教学密度掌握艺术表现的评价，不应以其数量比"度"的大小而定，而应以是否符合学生实际和学生对教材难易程度的可接受性而定。在传统观念中，这是评价一节课是否可测试的主要指标之一。

从运动特性出发，认为一般密度是越大越好，练习密度则要看它与运动量指数的比较，再分析出它的合理性。一般认为，运动量大，练习密度要小；运动量小，练习密度要大；运动量适中，练习密度也应适中。根据现代体育教学观念的转变以及教学论的发展，应该以测试教学一般密度为主，因为这可以看出一节课的有效信息量的"传递度"，作为教学效益的因素之一去分析是有必要的。

2. 教学速度

教学速度是指单位时间（或一节课）完成主要教学任务的数量多少或大小程度，也可是一种教学"进度"的表现，可分为一般速度和练习速度。教学密度是与总时间的可比比例程度，教学速度是教材进行的快、慢程度。一般速度是在总体教学概念中的教材进行的快、慢程度的表示；而练习速度是指专项教材进行的练习次数与该练习所用时间的比的表示。单位时间内练习次数越多，其练习速度则越快；练习次数越少其练习速度则越慢。

一般速度是与教学计划制定的总进度相联系的，是由教师来决定的；而练习速度则更多地受项目特性及学习个性特征的影响较大。不同运动项目的练习速度不一样；相同运动项目，学生因个性不同而练习速度也不相同，身体素质好的学生练习速度较快。所以，从不同和相同的运动项目的练习速度的分析中，确定学生身体素质和练习情绪的高低。同样也可以根据一般速度来分析教师对教学过程中的诸多因素的把握程度。有效知识量（包括新知的传授和旧知的复习、巩固和提高）的传授在总时间内越多，其一般速度则越快。但对一般教学速度的评价，同样不可以以其"速度"快慢而定，而应以学生的可接受和掌握程度以及预先设计计划完成的指标量反映的教学效益而定。教学速度没有一个量的指标，它的适宜"度"是教学艺术的表现。

3. 教学难度

教学难度，主要是指教师与学生在一定时间内在教与学上感受到的讲解与形体、认识与理解、掌握与操作等有效信息量的难易程度。

教学难度是一个心理、生理承受量，是与运动技术性难度相联系，又不属于同一性质的标准。运动技术难度是指该技术的突破点及最不易掌握的主要技术之处，是技术含量指标。所以，在教学节奏的研究中，教学难度是以教与学的难易程度为主要研究对象的，是影响体育课堂教学节奏变化的主要因素之一。

教学难度又往往是与教学密度和教学速度紧密相连的。一般而言，同一有效信息量的传授速度与接受速度和密度表现为"火而快"，其教学难度也相应提高。对教学难度的体验是教师和学生双方都会有的，是一个双向感受量，但学生本身的体验则更强烈、更具体一些。教学难度的表现及转化，更具教学艺术性。在科学性与审美性的圆满结合的感染力作用之下，教学的难易程度又往往是可转化的。从教学效益这个目的的实现角度来看，教学难度低了，会使学生失去兴趣，"太容易了"对学生往往是"无效"刺激；教学难度太大，又容易使学生产生学习上的畏难情绪，会直接挫伤学生的学习热情。所以，教学难度也应有一个"度"的把握。

4. 教学量度

教学量度的"量"是指数量，量度是指数量的重点量与一般量的综合体现，重点量的影响更大、更具体。在传统体育教学中，对课堂容量的追求就是量度的体现。

一般而言，一节课的量度大，可传递的有效信息量也大，其教学密度增大，难度增大，其速度也必须增大，直接牵涉到教学节奏的变化。但量度数量中的重点量与一般量的比，即课堂教学的重要或主要教学内容与一般教学内容的比例大小程度，又可称为重点量度。所以，重点量度的大小，直接影响教学的节奏，是教学量度中主要影响教学过程变化的因素。教学量度的大小，一般受大纲总教材任务数量的控制，但一节课的重点量度的大小，主要取决于教师教学指导思想以及受其影响下的教学进度安排；也受教师对教材的分析、研究程度，以及学生实际水平的影响。是否能对教学节奏的"理想化"变化的形成起积极作用，就完全取决于教师对教学科学性的掌握水平，取决于教师教学艺术的整体表现。

在许多教学改革优秀课中，打破了"三结构"或"四结构"的传统模式，涌现了一批按"顺序式"教学模式和"分段式"教学模式，以及以学生学法为基本表现的"分层量化"的教学模式。新的教学模式的探讨，打破了传统的对教学量度的认识，也使其真正成为影响教学效果的主要因素。

5. 教学强度

教学强度是一个可通过心理、生理直接体验出的量化指标，可划分成一般强度和运动强度两类。

一般强度是指教与学双方在一定的时间内（一节课），教与学双方由于难度与量度、密度与速度所引起的身心疲劳程度。这是在教学过程中，教与学都可能反映出来的双边概念，是互为影响的双向反应。适度的强度，能更有效地促进教与学的传授和吸收。过度或过少的强度则可减弱有效信息量的传授和吸收。教学强度也与教学密度、教学速度、教学难度和教学量度密切相连并互相协调而达到合理程度，是在教师教学艺术节奏要领上的表现。教学一般强度的大小主要受教师的教学方法、达到教学目标的方法控制，同时也受学生对教学信息量接受水平的表现程度控制。

运动强度，是指教学中学生完成一次或一组动作练习内容后，身体所承受的生理负荷量。这是教与学双方在学生方面的，对教材接受表现的单方程度体验，是受教师教材任务安排与学生个体条件所控制和制约的，同时也是受运动动作练习的速度、力量、幅度、距离、次数、时间、密度、难度和运动负荷器材重量等因素所制约的。在体育课堂教学中，运动强度是影响课的教学强度的主要因素。如果说教学强度的表现适宜度取决于教师教学艺术水平的综合表现，那么运动强度的适宜度则更多地取决于教师对教材、对学生了解的科学性的表现。运动强度过小的运动，不会对学生的身体产生有效刺激，对学生的身体机能与素质发展无效果；运动强度过大的运动，则可能对学生的身体产生伤害，是较为不利的。

所以，在教材任务和学生个体条件两方面对运动强度大小产生影响的因素中，教师应以重点考虑学生个体条件的适宜度为准，一切以增进健康为本。教材任务的完成是可通过多方因素的协调或改变来实现的。

6. 教学激情

教学激情是师生双方在教学过程中的情感表现程度，是教师与学生双方在"审美"过程中的情感共鸣，是在情景交融的情感振荡境界中的一种"情绪"的激烈表现程度。因此，教学激情包括教师教学的情感表现程度和学生在学习过程中的情感投入程度。

一般而言，教师的教学激情主要来自教师的个性成分因素及教学指导思想；其次是来自教学外因，尤其是教学环境的变化，体育课堂教学的这种变化更显其典型性。学生的学习激情一方面是受教师的语言、方法、手段、教学情境及教材本身特点等多种因素调控的，是教学艺术在学生方面的突出表现特征之一；另一方面取决于学生个性感情在学习过程中的投入程度。教与学双方的教学激情是相互刺激的，是一种成正比的变化。只有教师具有教学激情才能有效增进学生的学习激情。

教学激情往往直接控制着教学密度、教学速度、教学难度、教学量度和教学强度的变化，它是教学节奏的主要构成因素，同时也是左右教学节奏变化的主要因素。因为，这六种构成教学节奏的因素都是可以通过人去调控的，其中，只有教学激情主要是人的内在情感的表现，而其他五种因素则都是人的情感设计下的产物。

总之，要把握好体育课堂教学节奏的变化，必须首先对构成体育课堂教学节奏的六大因素有一个明确的认识和分析，方能去掌握体育课堂教学的教学节奏的变化，表现出高超的教学艺术。

（三）高校体育课堂教学节奏的分类

对体育课堂教学节奏分类的目的是便于教师对节奏的认识加深，帮助教师更有效地掌握和运用，并为个性体育教学艺术的形成和发展，提供一些有益参考。根据相关因素的可比成分的变化而展现出来的节奏，大体可分为以下四大类。

第一，明快型体育教学节奏。明快型体育教学节奏最大的特征是教学节奏适中，六大可比成分因素都以"渐进"和"较强与较弱"的发展趋势排列与组合，并不时地在教学中插入幽默与欢笑调节节奏变化，令人轻松愉快、兴趣盎然、兴致勃勃。教师追求的是寓教于乐，让学生学中有乐，这在小学与初中阶段运用最多，表现出谐趣潇洒型的教学风格。例如，在小场地上进行中长跑项目的教学，其目标是以技术的传授与体验为主。教学过程分为3～4个小节段，每一小节段4～5分钟，采用的是"慢—较快—慢"的适中节奏，学生在跑动中，教师用语言的兴趣性或创设愉悦的情境，并在每小节段之间安排短时间的游戏或舞蹈，调动学生情绪。节奏是适中的，教学是愉快、活泼的。这是一种典型的体育教学节奏类型。

第二，理智型体育教学节奏。理智型体育教学节奏的教学程序安排是环环相扣的，教学逻辑严密，既追求运动中的运动技术的传授与体验，又追求在教学活动中提高学生的身心素质，表现出节奏紧凑，是教学高激情度与高重点度、高激情度与高密度的重叠进行，靠教师的环环相扣的教学程序安排来吸引学生，调动学习激情。此类型体育教学节奏是技术传授和素质提高同等发展的一种体育教学节奏类型。

第三，多峰型体育教学节奏。情感型和理智型的教学节奏的高潮多表现为一个突出的"高峰"。在传统体育教学观念中，认为"高峰"的出现应在中后部分为合理。而多峰型体育教学节奏，不为此常规的"框框"所限，多根据课时教学目标的需要去安排教学节奏的变化，可以出现多"高峰"。在它的可比成分因素中，高强度与高速度和高激情的多次反复阶段性的出现，表现为进度快、思路快和难度、量度的紧密结合，当然，这与学生投入的激情及学生自身基础是紧密相连的。在体育教学改革中，这种节奏类型的课，体现出了体育教学锻炼的一种价值倾向，不过使用中一定要根据学生整体与个体条件分层安排、分层实施。

第四，灵活型体育教学节奏。灵活型体育教学节奏的典型特征是，在一节课中不追求一种类型的节奏变化，而是多种节奏类型的综合运用，可以根据教材的变化而变化，也可根据学生不同特性的小群体特性去分别实施，表现出一节课中的教学节奏的多种变化。这是在当前教育要贯彻素质教育的指导思想下的教学节奏的灵活运用，是教学创新的教学节奏类型，是原综合性特征类型的"质"的变化和提高。

总之，以上各类型的体育教学节奏，都是根据不同教材、不同学生实际以及教师教学风格与教学艺术追求的教学节奏的不同类型变化，各有千秋，不分上下，只有类型的不同，没有好坏优劣之分。

第四节　高校体育课堂教学的说课与模拟上课

说课和模拟上课是国家基础教育体育课程改革背景下出现的新生事物，是提高体育教师教学基本能力的重要手段之一。

当前，开展各具特色的教研活动、举办各类体育教师教学能力基本功比赛、立志当体育老师的毕业生入职考试等，都涉及说课、模拟上课的技能。可见说课、模拟上课与教师的成长和发展以及与教师的集体协作等，都有着密切的关系。

一、高校体育课堂教学的说课

说课作为高校体育教研的一种形式，现已成为教师认真备课、钻研、探讨教学问题的好方法，是提高教师素质、培养造就研究型教师的有效途径之一。说课不仅丰富了备课内容，而且也为促成有效课堂教学奠定了基础。备课是教师凭借掌握的知识及课堂经验去思考设计课堂，而这种思考是隐性的；上课是传授体育知识、技能，培养学生能力的基本形式，说课则结合了备课与上课的优点，教师把自己隐性的思维过程及其设计教学活动的理论依据用简洁清晰的语言表达出来。在说课过程中难免会发现备课中不易发现的问题，通过补充、加工、修改进而提高教学准备的充足性。

自有教育以来，教师备课基本上是一种个体活动。就当初教育的规模、教育的要求而言，这一种个体活动的方式尚能适应教育的需求。随着教育的发展，无论是现代社会对教育的需求，还是教育自身发展的需要，都迫切要求改变传统学校里那种权威式的传授知识的方式。教育将是一种要求更高、发展更快、更需要合作的、全社会的、跨学科的、终身的、借助信息技术的综合性学科，学校教育要适应这种发展的需要，必须变更传统的方法，注入现代教育科学的理论和方法。

高校体育学科中的说课是在 20 世纪 90 年代其他学科"说课"活动的基础上进行移植、借鉴而开展起来的一项教研活动。作为体育教研活动的一种方式，体育说课是教师对教学活动设计的阐述。说课活动有效地调动了体育教师投身教学改革、学习教育与专业理论、钻研体育课堂教学的积极性。

当前，社会的变革、教育的发展，正在促使教师的作用发生变更，权威式的传递知识办法正在转向通过花费更多时间判断学习者的需要，推动和鼓励学生学习，通过考核或者竞赛促进学生对运动技能的掌握与运用。因此，如何提高教师的素质，改革教育教学方法，显得更为迫切、更为重要。虽然提高教师素质的途径是多方面的，但不外乎来自两个方面：一方面是外在的，如培训、听经验介绍等；另一方面是内在的，如自学、实践研究等。无论来自哪一方面的学习或培训，最终均要通过教师的自身参与发挥作用。外因是变化的条件，内因是变化的根据。许多成功的经验都说明了只有教师发挥主观能动性，坚持不懈地投身于教育教学改革的实践，才能在实践中不断进取提高。

说课活动作为一种教学研究的方式，是一种外在的力量，但它又需要通过教师自身的参与才能达到目的。因此，说课是借助外力，促使教师内因发生变化的杠杆；这种有明确目的、为教学所需求的活动，旨在提高教师素质和课堂教学质量。通过其固有的活动方式，能有效地提高教师的教学业务水平，并在课堂教学研究中发挥它的作用。说课的基本方式是运用现代教学任务分析技术，把教材研究的方式用一定的教学技术规范化，有助于教材研究成为每一位教师都易于掌握的技术，有利于教师把握教材，提高教材研究的水平，使传统的教学活动注入了现代教育的要求。

说课，对于教师了解、研究和评价一节课，专题研究某一教学内容以及培养和提高教师课堂教学水平具有重要的意义：说课能反映教师课前、课后的各种活动、教学设计理念以及课的实施过程中教学策略与认识等；这种教研活动为我们寻找到了运用集体智慧共同提升教师教学水平的有效途径；在一定意义上它也找到了教学理论和教学实践的有机结合点，找到了课堂教学中几个关键要素，即备课、上课、评课的有机结合点。

由此一来，教师将体育教学的理论与实践有机地结合起来，并将备中说、说中评、评中研、研中学集为一体，这是优化课堂设计、提高教学效果、强化教学水平的一种有效途径。这种把个人研究与集体研讨融为一体的教学研究活动，既能集众人的智慧，又能扬个人的风格，使学校教研组活动真正成为落实高校体育教育教学工作的基本阵地。

说课的兴起是教育事业发展的需要，随着教育改革的深入，说课将作为教学研究的一种形式，在发挥其应有的作用中获得发展。说课的好处很多，从不同的角度去看，有不同的答案。根据实践和理解，高校体育说课在教学活动中的意义主要包括以下五个方面。

（一）营造和谐教研氛围

自从提出了体育说课的概念，广大体育教师就能够迅速地接受它，并且把它转化为自己的教学实践行为。由此不难看出，说课这项教研活动有利于各学科的教师从理论走向实践，有利于教师从实践中不断反思，有利于教师从集体的智慧中汲取营养，这也是一线体育教师教学实践的迫切需要。

体育说课是将静态的个人备课转化为动态的集体探究，由此形成一种发挥群体优势的研讨氛围，教师在说课中所阐述的教学设计往往是带有自创性的经验成果，它所营造的教研氛围，有助于引导广大教师自觉地从经验型向探究型、学术型转变。在说课现场，参与的专家或评委的评价能充分体现真实性和准确性，以较高的教育素养、鉴别能力进行高层次的切磋和交流，这就很自然地增强了教和研的深度，有利于教师认识教学规律，把握教学研究的方法，提高教学研究的能力，有效地改变体育教师只"教"不"研"的现状，促使"教"和"研"的有机结合。

目前说课主要以一种同事、同行间共同探讨的形式，针对具体问题各自提出自己的看法和建议，在和谐中养成自觉探究和思考教学问题的良好习惯，这为高校体育教研活动的开展营造了一个良好的氛围。

（二）促进教师专业发展

体育教师专业发展是教师专业成长或教师内在专业结构不断更新、演进和丰富的过程，包括观念、知识、能力、专业态度、动机、自我专业发展需要的意识等方面。体育说课不仅要求体育教师立足于实践，而且要求教师必须有一定的理论素养，这样才能使说课以一种最精练的、最准确的方式把其所有想法表达出来。

短短 20 分钟左右的说课，实际上能够比较全面地折射出一个教师的基本素质。体育说课要求说课者既要有深厚的体育学科专业知识，又要有较好的体育教育教学理论知识，更需要有较强的体育理论联系实际的应用能力和研究能力。因此，教师要说好课，为寻求本人教学特色的理论支撑点，不仅要认真钻研教材，而且要自觉学习相关的体育教育教学理论，还要查阅大量相关教育的信息资料。

说课活动的开展，促使教师从看教学参考书和教案转移到认真学习、钻研教育教学理论上来，把刻苦学习教育学、体育心理学、体育教学基本原理等理论知识作为一种直接的内在心理需求，养成自觉运用体育教育教学理论指导教学实践的习惯，促进体育教师走"自我更新"的专业发展之路。在基础教育课程改革的背景下，教师传统的教学观念、教学方式将受到前所未有的挑战，其中很多都关系到理论与实践结合的问题，如体育教学理念的转换、教学内容的选择、教学目标的把握、教学方式方法的更新、学生评价的合理性与准确操作等。

每个教育者面对的是不同的教育环境、教学内容和教学对象，这需要教师具备根据实际情况进行有效教学的能力，而不是靠生搬硬套现有的教学模式。体育说课教研形式是在激发个人和集体智慧中融合每一位体育教师的智慧，把个人困惑或难以解决的问题，在集体的智慧中融解。体育教师专业发展的路径很多，有暂时的培训提高，有集中的学习或其他自学方式，而说课恰恰是立足于教师的教学本质，立足于体育教学实践，是对教师真实的教学状态、教学水平的一种检验和激励。同时还能促进教师之间的有效合作，促进高校体育教育整体水平的有效提高。

（三）助于教师教学反思

教学反思是教师自觉地把自己的课堂教学实践作为认识对象，进行全面、深入的思考，再以体会、感想、启示等形式进行总结。反思自己的教学行为，对整个教学过程进行回顾、分析和审视，总结教学的得失与成败，才能形成自我反思的意识和自我监控的能力，才能不断丰富自我素质，提升自我发展能力，逐步完善教学艺术。体育教师说课是把体育教学理念、教学目的、教学内容和教学方式方法融为一体的过程，它反映的是教师对教学理念、教学策略和教学设计的思考。

对于说课者来说，说课是要把课堂教学操作行为以概括性的语言阐述出来。因此，说课对每个教师来说有一定的内在驱动力，它能引发教师去思考，去努力完善自我。说课这种活动方式，也无形地引领教师对教学进行比较系统和深层次的反思，反思的意义在于对原教学中一些问题进行归纳和解决。每位体育教师在教学实践中都有自己独特的体验或经验，教师都希望在集体活动中能有自己独特见解或能有所创新，这样的集体活动氛围，有助于激发教师对课程改革的思考，对教学方式方法的更新，对如何有效教学的思考。

创新源自对问题和对现状的反思，创新需要一些真正能激活教师思维的动力。说课就能够促成教师在反思基础上去发现问题，去寻找新的突破点，这样就容易引起教师在教学上的创新。因此，说课是一种形式和手段，当我们很好地把握了这个手段，很好地对体育教学规律、教学本质加以理解和认识时，这种手段就会带来巨大的教学变革。

说课要求教师在对教学设计进行表达时要讲清为什么要这样教，如此设计与众不同之处在哪里，这样就往往将教学思路引向如何改变教学和行为，使得教师能够进一步推进教学改革，实现教学创新。从此种意义上来说，说课是促进教学反思和推进课程改革的有效手段。

（四）搭建教师交流平台

课程改革在很大程度上离不开教师的集体合作，能加强教师间的集体合作意识。体育课程内容庞杂，具有很强的综合性。体育教学活动离不开场地器材的统筹安排，离不开高校体育活动有序的排列和教师之间的配合。体育运动项目繁多，众多学生有不同的运动兴趣与爱好，如何去满足不同性别、不同年龄学生的运动兴趣，如何有效开展体育教学等，这些问题，如果在集体的合作中，就有可能得到解决。

说课能有效地让教师聚集在一起，共同探讨每一个人所遇到的问题，在和谐的教研氛围中，容易达成共识或找到最佳的解决方案。过去我们在教学研究、教学总结等方面做得还不够细致，以至于在很多情况下，一线体育教师在教学实践中做得很好，但在说课时却不知道如何去表达，如何去提炼总结，结果就会使得教师一谈起教学科研时就觉得自己不行，这样的事情只有专家才行。在现实教学中，如何才能有效地把每个教师的实践操作与理论知识结合从而转化为教学资源，是每位教师面临的问题。

通过说课可以为广大教师提供一个广泛交流、表达和展示才能的平台。通过说课，教师可以把自己在教学中所总结和秉持的教学观点、教学认识、积累的教学经验甚至是自己在教学中所产生的情感以及自己的所想所思，通过说课的具体方式形象地表达出来，以便与同行进行广泛的交流和总结，这样不但能够提高教师的教学水平，而且还能够通过某一单元、某一课的教学内容概括出新的理念、获得更多经验。

（五）促进体育教学评估

很多学校、教育行政部门由于看到说课这项教研活动在推进教学改革、提高教师专业能力、促进学校整体发展方面有着积极意义，同时具有可操作性、可评价性，所以把说课纳入教学管理、教学评估之中。目前我国很多学校在聘任体育教师时，就以说课来考查入职教师的专业能力和专业水平，所以，说课已成为评估教师能力和水平的一个重要方式。近些年来，说课能迅速地从一个研究成果转化为政府部门的决策，转化为教师的实践行为，也从另一个侧面说明了说课的价值所在。

说课与备课、上课等教学环节既为一体又有区别。说课是对备课、上课等教学环节的规范与制约，但三者又有着共同的目标指向，因而又是统一的。这就要求我们在体育教学实践中既要抓住各自的实质，明确各自的不同任务和特点，不能相互混淆或取代，但又不能割裂它们之间的联系，即不能脱离备课与上课去孤立地研究说课。

说课要以备课为基础，以上课为归宿，架起由备课通向上课的桥梁，使各个教学环节构成一个紧密的链条，据此形成教学设计、说课、上课的理论与实践融合的教学整体。由于没有严格的规范要求，说课内容的逐渐扩大，在体育课堂上应该出现的内容必须在体育说课中出现，这就是混淆了说课和上课的相对独立性，同时忽视了三者之间的辩证统一性，将体育说课作为获得好评、晋升、获奖等的手段，置三者真正的目的于不顾，使得体育说课偏离了应有的目的和发展方向。体育说课应该服务于教学或服务于教师的专业发展和学生的全面发展。

体育说课的核心问题可使教师在备课、上课过程中的理论依据得以充分体现。体育说课中不仅要说"实"，即说教什么、怎么教，而且还要说"虚"，即说出教什么和怎么教的理论依据。这样就能够使体育教师的教学冲破狭隘的个人经验与习惯，使教学成为高度自觉合理的活动。

二、高校体育课堂教学的模拟上课

模拟上课是在没有学生的情况下，通过教师的讲述，将预设的课堂教学虚拟展现出来的一种展演课的形式。模拟上课与现场上课不一样，与说课和课堂实录也不一样。

模拟上课，通俗地说就是"无生上课"，是一种模仿真实的课堂，即在没有学生参与的场景下完成的虚拟教学活动。由于模拟上课所用时间短，又不受场地、天气、器材等因素的限制，所以发展非常迅速，在招聘、评课、赛课、职称评定中频繁出现，成为考察、评定教师教学技能的方式之一，目前更是受到广泛运用。模拟上课作为一种新型的教研活动方式，弥补了说课时不能考查体育教师运动技能的不足，它对教师的专业发展提供了帮助。

在体育教师的教学基本能力中，备课是上好课的前提，备课给教学提供理论依据，说课能促进教学思考，"模课"更能将理论升华、实践绽放。由备课到模拟上课、体育教师需要精确地把握学情和教情，改善预设，提高应变能力，思考如何教好。这样，从根本上提高教师的备课质量，使课堂教学更加科学、合理、可操作和有效。

体育课堂教学是师生互动的双边活动，体育模拟上课能将真实的课堂"浓缩"，将冗长的课堂教学的时间进行压缩，虽然不能十分精确地反映上课的实情，但至少给更多的教师展示驾驭课堂的平台，是说课的一种补充和延伸，主题鲜明，重点突出，是经济、实效的教研活动。体育模拟上课对教师的专业素养有一定的要求，这就促使教师要不断地学习、充实，更新理念，提高理论水平。模拟上课时，教师需要用自己的语言和动作展示教学思路和设想，这无形中提高了教师的语言组织能力和表达能力，以及动作示范和课堂组织能力，促进体育教师自身的素质提高。

与说课相比，体育模拟上课更侧重于教师综合素质和实践能力的反映，因此也更适合当前的教育改革趋势。说课要说教材的内容、地位、教学目标、重难点，不仅要说出"怎样教"，还要说清"为什么这样教"，要让听者不仅知其然，还要知其所以然，比较侧重理性层面。模拟上课则是说课的延伸和补充，选取说课中的教学流程这一部分把它具体化，把"教材的内容、地位、教学目标、重难点等"通过模拟上课表现出来，更侧重于它的实践性。体育教师在模拟上课过程中模仿实际教学情境，但没有学生的配合，把需要45分钟的实际体育课堂教学在15分钟之内展现出来，从体育的特性来看，比模拟文化课堂难度更大。模拟上课与说课中说教学流程有一个共同的特点，就是应抓住本节课教师认为是亮点或重点的地方加以重点突破，详细阐述与展示。

基于模拟上课是实践教学的浓缩版，是教师模拟上课的真实情境，是把体育课堂教学中的过程在没有学生的情况下用自己的肢体动作、场地器材变化、语言表达，以虚拟的活动形式描述出来的特点，模拟上课能更真实地反映出教师的基本素质、业务水平和组织教学能力等。模拟上课与真实上课的主要区别是没有学生的直接参与，也就是说整个过程是教师在唱"独角戏"，它要求教师做好充分的预设并在相应的学生活动环节中巧妙过渡。真实上课除了有学生的互动参与，还掺杂了突发的、不可预见的体育教学事件，对教师的课堂调控能力和教学洞察力有更高的要求。

模拟上课将个人备课、教学研究与上课实践有机结合在一起，突出教学活动中的主要矛盾和本质特征，同时又能摒弃次要的非本质因素，使教学研究的对象从客观实体中直接抽象出来，具有省时、高效的特点。它把传统的说课和课堂教学合二为一，浓缩并结合，更高层次地展现了教师的综合素质。

模拟上课能较好体现体育教师的教学技能和模仿能力，它整合了传统的说课和真实上课的一些优势，丰富了教学手段。体育模拟上课教学形式是评价教师教学专业基本技能的方法手段之一，也是教师获得钻研教材教法、关注学法经验的重要途径。但体育模拟上课的不足之处也是明显的，课堂上只有预设的突发事件，不能很好展现教师处理突发事件的能力，对教材内容融合缺乏仿真的灵活运用。

因此，体育教师要不断提升自身的教学基本功，扬长避短、用巧盖拙，注重环节、把握细节、突出重点，在模拟上课时，注重与真实课堂教学有机结合，最终达到教学最优化，使模拟上课绽放光彩。

第六章 现代高校体育课程教学资源的协同创新发展

第一节 高校体育课程教学资源与协同创新概述

一、高校体育课程教学资源

资源是指一定的社会历史条件下存在着，不同群体能够开发利用，在社会活动中能够产生经济价值，以提高人类当前和将来福利的各种要素的总和。根据资源的概念，所谓体育教学资源主要是指一定社会历史条件下发展起来的，人类能够开发利用的，在社会体育活动中发挥重要作用的、能够产生经济价值，以提高人类福利的各种要素的总和。高校体育课程教学资源是体育教学资源概念上的衍生。

"挖掘与充分利用各种教学资源是我国教育课程改革的一个亮点。随着普通高校体育教学改革的不断深入，体育课程的教学资源得到越来越多的开发与利用。[①]" 从各类体育教学资源要素出发，将高校体育课程教学资源定义为：与高校体育活动密切关联的各种教学场地、仪器、设备、建筑物、图书资料、教工数量以及各项管理活动等所有人财物的总和。

高校体育课程教学资源可以根据形态特征划分为物质和非物质形态两大体育教学资源：物质形态体育教学资源包括体育场地设施、体育师资、体育经费等等与体育课及体育活动有关的体育硬件条件；非物质形态体育教学资源包括体育信息资源、体育传统优势资源、体育习惯、体育训练和科技水平等软件条件。

---

① 焦献策，翟晓玉. 体育课程教学资源建设［J］. 才智，2011（33）：297.

二、高校体育资源协同创新

所谓协同，就是指协调两个或者两个以上的不同资源，团结统一，互相配合地完成某一目标的过程或能力。创新是指人们为了发展的需要，不断突破旧的规律，创造出新的东西。协同创新通常意义上是指产学研的协同创新，即高校、企业、科研机构以及其他创新组织等为了实现利益最大化，高校和企业投入自己的优势资源，科研机构与创新组织提供技术支持，在相关主体的协同支持下，共同进行的协同创新活动。

协同创新是指通过一种富有创造力的新方式将优势资源结合在一起，突破创新主体间的壁垒限制，充分利用各自的优势资源和技术来进行深度合作，从而优化资源配置，实现共同的协同创新目标。协同创新就是一个沟通—协调—合作—共享的过程。

高校协同创新就是促进各参与协同创新的高校之间优质师资资源、场地设施资源、信息资源、传统优势资源等的有效整合，大力提升高校的创新能力，为资源的有效协同和共享奠定基础。

第二节　高校体育课程教学资源协同创新的实施

协同创新是新时期实现资源共享非常重要的战略举措。通过协同创新把各校资源进行整合，实现共享资源的最优化，解决高校因为资源过剩造成浪费和资源过少造成的不足之间的互补，极大地提高各校的资源利用率。通过协同创新可以有效保障各校的体育教学顺利进行，继而提高教学质量。

协同创新是各个创新主体将各自资源进行系统优化合作、创新的过程，协同创新是一个沟通—协调—合作协同的过程，通过沟通对各校资源进行系统的了解和收集，同时获取各校对参与协同创新的看法，做好协调工作。协调主要是整合可以用来共享的资源，实现共享资源的最优化，这样可以更好地进行资源优化配置，不仅优化了资源的配置，还进一步完善了创新体系。高校作为参与协同创新的主体，他们对资源的收集、整合、合作、共享也起到了至关重要的作用，建立高校之间战略合作联盟，做到团结统一、和谐共享，大大节约了盲目共享过程中的人力、物力、财力的浪费。

一、高校体育课程教学资源协同创新实施的意义

第一，协同创新是高校体育课程教学资源校际共享的重要战略选择。大学生要树立健康的理念、塑造强健的体魄，就必须进行体育教育和体育锻炼，这是高校学生共同学习的必修课程，对于从事高校体育教学的教师来说，要想取得良好的教学效果，吸引学生专注于体育教学与体育锻炼，就必须营造积极活泼、高校生喜闻乐见的教学组织手段，这就要求教师积极创新。

高校体育课程在协同创新的过程中，各个学校把优秀的教学资源，利用现代的载体——互联网进行共享，可以有效地实现高校体育课程教学资源的共享。

第二，协同创新是集中高校体育课程教学资源共享优势进行复合人才培养的重要手段。协同创新促使各类高校体育课程教学资源共享，增强学生身体素质、提升区域整体办学水平和人才培养质量。

第三，协同创新是实现高校体育课程教学资源优势互补、强强的联合路径选择。当今世界，合作共赢是全球高等教育发展的大趋势，也是我国高校实现大发展所面临的共同机遇。我国研究型高校与世界一流名校相比还有较大的差距，要迎头赶超、实现跨越式发展，就要在高校之间实现优势互补、强强联合，从而带动整体崛起，这是现阶段建设具有中国特色的高等教育强国的必由之路。有效实现高校体育课程功能是高校体育教育发展最核心的任务，为了实现这一任务，就要积极推动协同创新，推动高校之间的深度合作，建立协同创新的战略联盟，实现高校之间强强联合，努力为实现高校体育功能做出积极贡献。

二、高校体育课程教学资源协同创新实施的条件

（一）观念更新

观念是人们对事物的认识，观念更新就是人们在对事物原有认识的基础上进行的补充和完善，是人类对事物更深度地认识，是社会发展的必然趋势。随着时代的发展，许多高校已经实现了观念的更新，逐步认识到高校间实施协同创新战略的重要性。

1．树立全局观念

高等教育在教育事业发展进程中占据着至关重要的地位，高校作为高层次人才的重要输出地，它的发展密切关系着我国教育事业的发展，高校要从我国教育事业的发展出发，树立全局观念，支持国家教育事业的发展，使我国教育更快的跻身到世界先进水平。

2．树立合作观念

只有加强高校之间的相互合作，才能更好地实现高校协同创新。合作就是高校之间打破门户之见，相互合作，大力倡导合作科研、合作教学的新观念。

3．树立创新观念

协同创新不仅需要高校之间相互合作，更重要的是创新，创新是时代的主题，是高等教育发展的必然要求。各高校之间要不断突破旧的规律，来创造出新的东西。这样才更符合协同创新的需求。

（二）机制创新

高校之间由于门户之见，长期处于各自为政的，相互之间沟通、联系甚少，严重阻碍了教育事业的发展。高校之间的协同创新可以有效缓解这种局面，高校之间要充分利用各自优势的基础上，彼此沟通交流，对优势资源进行重组，实现在资源方面的有效共享。高校协同创新的关键就是要进行机制的创新。首先需要解决的是在组织管理机构方面的机制创新，其次是资源协同机制的创新，最后就是效果监测机制的创新。有效的组织管理机构是高校协同创新有序进行的有力保障，资源是进行协同创新的基础，对协同创新的监测管理能够及时发现问题进行评价反馈，更好地促进高校间的协同创新。否则会在很大程度上对高校间的协同创新造成影响。

（三）跨院校研究

高校协同创新就是说在高校与高校之间进行协同创新，跨院校研究则是高校协同创新的重要途径。跨院校进行协同创新，先要打破高校各自办学的传统，突破各高校间的壁垒限制，然后对各主体的资源进行整合并优化，这样高校间的协同创新才具有实质性意义。高校通过跨院校研究推进协同创新时，在打破门户之见的同时，既要充分挖掘自己的优势，并提供给其他高校实现共享，又要利用他校的优势来弥补自身的不足。

（四）平台建设

高校协同创新平台是指高校间为了实现利益最大化，各自投入自己的优势资源，在相关主体的协同支持下，形成的一个组织系统。高校协同创新的基础就是要构建协同创新共享平台，并加强平台建设，突破各高校间的壁垒限制，实现资源的优化配置，实现共同的协同创新目标。在对高校协同创新共享平台的构建中，建立的平台应贴合实际需求，平台面对各个协同创新主体开放，汇集并有效利用各个高校的优势资源，以创新为目的，通过协同创新，实现高校之间的深度合作，着重解决困扰高校快速发展的迫切性问题。

（五）配套政策

政策是为了完成某种任务或是达到某种目标，国家或者相关机构所采取的具有强制性和权威性的措施，来使其顺利进行的保障。高校间的协同创新要想顺利进行，也需要一定的政策做保障，来支持其发展，例如：政府通过资金投入为创新团队注入活力、资金奖励体育资源共享效果突出的院校、层次较低院校的学生通过共享获得层次较高院校的学分（互认学分与打造第二学位）。

配套政策的颁布是高校协同创新的有力保障，还要将政策积极落实，这样才能使高校真正感受到政策的保障作用，体现出政策的权威性。高校之间的协同创新涉及多个院校，他们都隶属于不同的机构，无论是在教学、科研管理上还是在人事管理上都存在很大的差异，如果将他们统一起来，很难做到协调一致，因此就需要国家来建立相关的配套政策来为其做保障。高校也应该积极响应国家的相关政策，在实践中积极探索总结更好的推进协同创新的制度政策，支持我国教育事业和谐有序地进行。

三、高校体育课程教学资源协同创新实施的程序

（一）高校体育课程教学资源协同创新协议的签订

协同创新协议是指高校与高校之间，为了整合有效资源，搞好协同创新，本着"优势互补、资源共享、共同发展"的原则，经过协商后，参与协同创新合作的各高校之间签订协同创新协议，并订立的共同遵守和执行的政策制度，必须明确各个协同创新主体的权利、义务、责任等事项，达

到共享资源的最优化。协议签订的宗旨就是要汇集各高校的优势资源，开展协同创新研究，争取取得重大突破，实现资源的最优化。

（二）建立高校体育课程教学资源协同创新团队

协同创新团队是高校实施高校体育课程教学资源协同创新、培养创新型人才、提升高校体育课程竞争力、为资源共享提供基础保障的核心源泉。高校只有拥有了高水平的协同创新的团队，才能培养高水平的创新人才，才能更好地产生共享的创新资源，从而促进高校的发展。高校要发展就应该联合其他高校建立一支高水平的创新团队，来促进彼此的交流与合作，实现人才强校战略。

对于协同创新团队的建设，需要关注以下三点。

第一，明确其团队组成。协同创新团队从上到下应该包括教育部门、大体协、各校主管体育的领导、各校体育骨干教师等，教育部门是协同创新团队组建的组织者和监督者，各校体育骨干教师是协同创新团队的核心，是协同创新团队建设成败的关键，要充分发挥各高校体育骨干教师的作用，努力创造协同创新资源。

第二，明确协同创新团队的主要职责。教育部门、大体协主要负责团队的组建和监督工作各校主管体育的领导以及体育骨干教师主要负责进行资源的整合与协同，不断创新资源，并督促各高校拿出自己的优势资源进行协同创新与共享。

第三，协同创新团队要积极倡导文化建设，强化团队合作意识，采取措施促进协同创新团队的交流与沟通，努力营造浓厚的合作氛围，促进彼此的团结协作，不断对协同创新团队成员要进行考核与调整，保证团队的创新力以及组成人员数量、职称、年龄和学历结构合理，从而为深入推进协同创新奠定人才基础和物质条件，以保障创新团队高效运转。

（三）建立高校体育课程教学资源协同创新机制

综观国内外协同创新经验，协同创新的根本在于利益协调，通过体制机制创新和政策项目引导，鼓励高校间开展深度合作，建立协同创新的战略联盟，促进资源共享，在关键领域取得实质性成果，努力为建设创新型国家做出积极贡献。

要想有效实现协同创新就要打破高校之间的壁垒，建立协同创新机制，构建完整的创新体系，集中高校的优势资源进行整合，提高协同创新的效率，实现高校之间资源协同创新有效进行。各个参与协同创新的高校要想在协同创新中起到链条的核心作用，就需要不断探索协同创新的体制和机制。各高校可以根据"整合、共享、完善、提高"的原则，借鉴国内外先进经验，联合其他高校，以实质性协同为基础，探索高校体育课程教学资源高效共享机制。

在高校进行协同创新的过程中，会受到很多因素的制约，这些因素有大有小，大到国家相关政策的支持，小到协同创新机制的限制。对于协同创新机制的构建，各高校都要在发展中进行积极的探索。充分利用国家相关政策的支持，打破各高校之间的体制限制，合理开放各自高校的师资、场地设施等创新要素，共同探索建立协同创新模式。在师资培养方面，各高校之间要建立合作培养高层次人才和应用型创新人才的机制，在教师互聘、学生跨校选修课、共同进行科研等领域建立开放的模式。在场地设施资源方面，建立场地设施资源共享机制，提高场地设施资源的使用效率，节约资源，避免浪费。

高校之间的体育教学资源协同创新的实现，能为学生提供更优质的体育资源，奠定共享的资源基础。各参与协同创新的高校可通过机制创新，组建高校之间的体育教育资源协同创新研究小组，通过协同创新平台，组织不同高校的体育教师一起突破校际壁垒，进行体育师资资源、场地设施、信息资源、教学内容等的协同创新。并鼓励学生根据自己的兴趣进行跨院校选择学习，为学生带来丰富多彩的体育课程。各高校要发挥高校体育课程教学资源的特色与优势，联合各高校、相关研究机构，就相关问题、困境，共同商讨，共同解决，力争突破壁垒，改变"分散、封闭、低效"的现状，释放人才、资源等创新要素的活力，不断加强融合。

第三节　高校体育课程教学资源协同创新的路径

为了最大限度地发挥高校体育课程教学资源的优势，稳固发展高校体育课程教学资源，提高体育硬件的利用率。必须改变传统的体育教育观念，确立高校体育课程教学资源共享的指导思想；建立高校体育课程教学资源共享管理机构，并完善管理机制；构建高校体育课程教学资源共享网络平台，实现资源的网络共享；整合体育资源进行优化配置；实现高校体育课程教学资源的多元化共享，这样才能达到体育资源合理共享。

一、确立高校体育课程教学资源优势共享指导思想

在高校体育资源共享中，只有认真抓好思想观念的改革，才能在思想上就能达成共识，明确总体目标，就能自觉地服从安排，遵照规律办事，这样共享工作才能顺利展开。各高校要更好地实现资源共享必须先转变思想观念，从打破校际的门户之见开始，把各自的优质资源拿出来协同创新并共享，把协同创新当作是对各校资源的大整合，把共享当作是利用他校优质资源实现与本校资源的互补，同时提高本校的知名度、扩大本校影响力，加强与其他高校之间的协同创新，为合作共享提供优质的资源。

加强高校体育教学资源的协同创新，需要确立共享的指导思想为"协同创新、合作办学、资源共享、协同发展。""协同创新"是指参加协同创新的主体投入各自的优势资源和能力，在相关主体的协同支持下，共同进行的协同创新活动，实现资源优化配置和彼此深度合作，从而实现共同的目标，为资源的共享打下坚实的基础；"合作办学"是指各校之间消除门户之见，拿出本校的优势资源，享受他校的优势资源，相互交流，合作办学；"资源共享"是指将各高校的优秀的师资资源、完善的场地设施、优质的信息资源和传统资源通过相互沟通、合作，对资源进行整合，然后进行协同创新，使学生和教师能够共享到更好的资源；"协同发展"是指各高校在资源共享的过程中实现体育教学资源的互补，建立共享的组织协调机构来为其做支撑，实现各高校共同发展。

二、建立高校体育课程教学资源共享管理机构

高校无论在师资资源、场地设施、信息资源，还是在传统资源和教学内容上都独具特色。在实现高校之间体育课程教学资源有效共享的进程中，不仅会碰到各种各样的难题，而且在具体操作上面也会比较难以进行。为了确保资源共享顺利进行，建立一个资源共享的管理组织机构便成为当务之急，管理组织机构负责规划与协调共享中出现的相关问题，指导体育资源共享的具体操作，并建立相关的资源共享的制度来作为指导思想，从而促进资源共享合理有序地进行。

在教育政府部门组织下，建立高校体育课程教学资源共享管理委员会

（以下简称管理委员会）。管理委员会内部再设立若干个支部管理委员会，支部管理委员会成员由各高校主管体育工作的校长组成，并在支部委员中通过选举产生管理委员会主任。在支部管理委员会下面一级级设置各校教务处负责人、体育部负责人和教研室负责人。管理委员会成员和各支部管理委员会委员通过相互协商沟通，共同规划和制定出高校体育课程教学资源共享的实施办法和管理办法，建立严格的管理委员会制度，做到奖罚分明，指导高校体育课程教学资源共享工作。各校教务处负责人负责将管理委员会和支部管理委员会下达的各种任务传达到下级部门，并监督下级部门实施。各校体育部负责人负责传达上级部门下达的任务，并监督下级部门完成。各校教研室负责人主要是收集各教研室的优质资源进行整合，并上传给上级部门。各部门之间要相互沟通，并严格遵守并执行资源共享的相关制度，实现高校体育课程教学资源有效共享的规范化，从而保证资源有效共享，实现彼此之间的互惠互利。

三、构建高校体育课程教学资源共享网络平台

当前以网络为核心的现代科学技术的开发与运用，已经渗透了整个社会，对当今的教育事业也起着非同凡响的影响。网络在高校校园中的运用越来越广泛，资源的共享可以抓住这一形势，大力推进资源的网络化管理，加强各校之间资源的网络共享进程，是实现高校体育课程教学资源有效共享的必要措施。实现高校体育课程教学资源网络化，构建共享网络平台，不仅方便学生对网络体育资源的查阅，又可以有效减少各校高校体育课程教学资源的重复配置。

网络平台的建立，在一定程度上可以降低资源共享管理工作的难度，方便各高校有效地进行共享，使学生能够方便快捷地查询有关信息，同时也使管理工作可以更加规范、科学、严密。因此，要想高校之间的资源能够合理有效共享，构建共享网络平台就尤为重要。

根据高校的特点，可以成立高校体育课程教学资源共享网络平台，实现高校体育课程教学资源的网络共享。该网络平台主要分为后台管理平台和个人用户平台，后台管理平台主要涉及用户注册、考试管理和对平台的维护。在个人用户平台中应该设置各高校参与共享的师资、场地设施、课程安排等的相关资源的简介，并及时更新信息公告，满足教师和学生对网络资源的浏览需求。建立网络选课系统，使学生能够方便快捷地对感兴趣

的课程和授课教师进行选择。

除此之外，在该网络平台还可以进行在线交流和成绩查询，让教师和学生能够更方便的交流和更快捷的查询成绩，同时在个人用户平台还设置在线发布，把好的资源可以发布到该平台进行共享。

四、高校体育课程教学资源的优化配置

（一）实现体育师资资源的优势互补

把高校的体育师资资源进行统一的分析，并按年龄、职称、学历合理的划分类别后，并确定各个高校的优质的体育教学资源和优势体育项目，然后进行协同创新，优化整合之后建立优秀师资资源库。一方面，各高校可以根据自己教与学的需求到优秀师资资源库来选择适合自己老师；另一方面，各校要放开门户之见，在享受他校优秀师资资源的同时，放松对本校优秀师资资源的限制，并鼓励本校优秀的教师在完成本校工作任务的同时，在个人时间允许的范围内加入优秀师资资源库中，供其他高校进行共享选择，实现教师的跨校授课。这可以有效激发教师的潜力，实现师资资源的优势互补，既可以提高学生学习的积极性，又可以提高各校的教学效果。学生可以进入到优秀师资资源库中根据自己的兴趣爱好，选择喜欢的教师和感兴趣的体育项目进行选修。这种通过建立优秀师资资源库，实现教师跨校授课，学生跨校进行体育选修课的学习的共享形式能够充分地激发优秀教师的能量和学生的学习兴趣。

（二）推动体育场地设施资源的优化配置

体育场地设施资源是开展体育教学和体育活动的根本场所，配置的好坏将直接影响体育教学的效果。目前，在高校中对于体育选修课的学习，主要还是根据学生的选择来进行，其中也会存在个别由于场地设施资源和能够满足选修人数的有限而不得不改选其他课程。这样虽然使学生拥有了选择的主动权，但是由于场地设施资源的局限性而影响了学习学习的积极性。要改变这一现象，最好的办法就是充分利用场地设施，实现场地设施资源的优化配置，同时充分分配和利用体育场地设施资源尽可能开设更多的选修课程。

实现场地设施资源优化配置的前提条件，就是各高校做到将本校的体育场地设施资源充分开放。各高校根据自己学校的师资力量、场地设施的

实际情况，来充分进行体育课程的设置和安排，并将课程安排信息公告在湖北省高校体育课程教学资源共享网络上，方便其他学校的学生根据自己的实际情况来更好的选择课程。这样既能满足不同学生的兴趣，扩大他们对体育选修课的选择范围，在一定程度上又实现了场地设施资源的优化配置，达到缓解部分高校因为体育场地设施紧张而造成的影响，更可以避免体育场地设施的重复建设，减少不必要的资源浪费。

五、实现高校体育课程教学资源共享的多元化发展

（一）实现体育资源的有序共享

高校之间需要协同创新来促进与社会发展的相适应，只有这样才能充分发展高校的创新能力，促进高校之间优质体育教学资源的有机结合，集中高校的这些创新能力建立起高校间的战略联盟，由此来促进高校丰富资源的有效共享。另外，高校之间还可以充分利用的其他课程资源，通过协同创新，多校联合合作共建新的体育课程，如可以依托财经、政法类高校的经济学和法学的相关资源，合作共建体育产业经济学、体育法等课程；可以依托开设有计算机技术的工科院校，合作进行体育游戏软件开发、体育网络平台构建等课程的开发；可以依托开设有医学类专业的高校，开设推拿学、中医保健、体育营养学等课程；可以依托武汉音乐学院等艺术类高校的专业水平，开设芭蕾、爵士舞、体育舞蹈等课程；可以依托民族类高校，开设毽球、陀螺等民族传统项目课程。

集合不同高校不同的特色课程，实现高校之间特色课程的互补，这样体育教学就可以集合优势资源，并形成丰富的资源宝库。使学生可以根据自己的兴趣爱好选择自己喜欢的体育课程，使高校体育课程更加丰富多彩。

（二）进行高水平运动队联合组建

近年来，很多高校都具有招收高水平运动员的资格，但是在拥有这种资格的同时也应该考虑，怎样才能更有效地进行运动训练，提高高水平运动员的竞技水平。高校高水平运动员的竞技水平以及成绩不仅会影响好的运动苗子对高校的选择，同时也会影响现有运动员训练的积极性。高水平运动队为提高学生对体育学习的积极性树立了榜样，为学生对体育课程的学习奠定了思想基础。各高校之间经常进行一些友谊赛和训练赛，通过比赛来带动运动队的训练激情，不仅可以提高运动队的运动水平，还可以增

进高校之间的友谊，同时带动校园体育文化的发展。

（三）合作科研，增强科研水平

促进高校体育科研事业的发展，是每个高校义不容辞的责任，同时也是各高校进行体育科研的共同目标，只有集合各高校的优秀科研人员和优质的科研资源，才可以创造出更大的价值。

资源共享之前，和科研有关的一切资源都封锁在各个高校内部，不为人知，但是每个高校的科研水平和能力都是有限的，很多时候在面对一些难度比较大的科研项目时，由于缺乏一定的科研水平和能力作支撑，而错过一些良机，但通过资源共享，对于那些难度比较大的科研项目可以进行校际合作，集中各校的优秀科研人员、科研资源，成立体育科研联盟，一起申请，合作科研，并在合作中提升科研能力。

第七章 现代高校体育教学工作协同发展新思路

第一节 高校体育工作协同管理机制研究

协同管理即是把系统内相关的各因素科学合理地优化整合，来完成某项工作和项目。从宏观层面看高校体育工作协同管理机制是指学校与政府、兄弟高校、科研院所、企事业单位等外部环境之间通过资源共享、业务互助等方式协同开展人才培养、科学研究、文化传承等工作实现平台共享、资源互通全面提升学校体育工作管理水平全面提升学校体育工作管理效能。从微观视角看高校体育工作协同管理机制是指在学校主管部门设计顶层设计的架构下统筹各管理部门、整合各参与主体调动一起可调动资源围绕既定目标相互分工协作全力保障目标实现的过程。

高校体育工作协同管理机制主要包括以下四个方面的内容。

一、以立德树人统领高校体育工作协同管理机制创新

立德树人是高等学校的根本任务，体育工作的落脚点是人才培养，通过加强学校体育工作协同管理，进一步完善教学、科研、竞赛、群体活动等体系，不断优化运行机制，重点做好以下三个方面工作。

第一，以体育为主，加强健康、营养、心理等多学科配合，充分发掘体育独特的育人内涵，放大多学科综合育人优势，构建体系平台建设。把体育精神与中华民族优秀传统文化有机结合，坚持"以人为本，健康第一"原则，充分体现以学生为主体，以教师为主导的教学理念，因材施教，充分发挥学生潜能，突显体育全方位育人功能。

第二，继续推进教学改革。以兴趣为先导，以技能学习为载体，以体能学习为基础，以习惯养成为目标，深化高校体育教学改革，通过体育锻炼让学生身心健康、体魄强健。切实保障"健康中国"中倡导的每天最低锻炼时间。发挥校园足球工作的示范效应，贯彻教学、竞赛、课外活动三位一体的育人思路，大力推进腰鼓、醒狮、舞龙、民族舞等民族传统体育项目教学改革试点，制定统一的教学标准和技能评定办法，让每一名学生至少熟练掌握一项体育运动技能。

第三，完善竞训体系。探索具有高校特色的俱乐部模式。建立完备的运动员选拔机制，建设好校内竞赛体系，让优秀的体育人才脱颖而出。

二、以破解高校体育工作改革瓶颈为工作中心

高校体育工作历经多年改革与发展，各项工作都取得了长足进步，当前，因外部环境的变化，在具体实践过程中还有一些瓶颈需要进一步突破。

（一）做好制度的顶层设计

全面梳理高校体育工作的宏观管理生态和微观管理设计，做好动态调整优化，统筹好人财物等重点管理要素的关系，奠定高校体育工作协同管理的基础。

（二）抓好学生体质健康工作

以测试结果为目标导向做到测试全覆盖、上报无死角。测试成绩逐年提高，学生体质健康测试合格率不低于 95%，建立健全学生体质健康测试成绩反馈机制，向社会、家庭、学生及时反馈测试成绩，制定干预方案。落实学生体质健康等级证制度。形成政府、学校、社会多元参与的学生体质健康协同管理制度。

（三）主动推动体教融合

拆除教育与体育部门之间的管理藩篱，把青少年体质健康水平设定两个部门共同的目标，统一进行考核。学校在课余开放体育场馆，让更多的青少年参与到体育锻炼中，运动学校发挥运动训练人才优势，协助学校业余运动队建设。

三、以高校体育工作协同管理组织结构优化为抓手

（一）协同主体为中心

高校体育管理权限比较分散，教务部门主管教学，资产部门负责场馆建设，体育部门负责体育训练和竞赛，体育工作管理界限模糊，相关工作需要跨部门协调，仅仅以体育部牵头，由于层级的关系，相关工作难以落到实处。必须明确体育工作不仅仅是体育部的工作，而是学校"五育"工作的重要一环，体育部可以在学校体育运动委员会的领导下，以体育运动委员会秘书单位的身份，协助协会领导开展有效的横向沟通和对外协调工作。因此学校体育运动委员会是协同工作的主体。

有责任和义务，为体育工作协同管理提供有效的保障和服务机制，建立健全监督机制和评价体系。学校体育工作委员会发挥主导作用，依托校内体育职能部门，搭建教学保障平台，精准实现教学目标；对外协加强与政府、企事业单位横向联系，以各自的优势促进利益共享，提升体育工作水平。

（二）以协同客体为支撑

协同管理的协同客体，由人才培养模式、教育教学理念、和体育工作主体构成的教育理念。体育协同管理部门的第一要务是将工作理念贯彻到系统地各个角落，渗入每一个参与对象，调动所有工作因素，为实现教学目标服务。人才培养模式由教学内容和教学方法手段组成，是学校体育工作的金字塔底座。体育协同管理具体负责人是体育协同管理的方向盘，教师是驾驶员，学生是乘客，三者缺一不可。他们的共同行为直接是实现协同目标的关键。

四、以"管、教、学、练"四位一体为协作模式

比较理想的方式是构建"管、教、学、练"四位一体协作为模式。具体做法是由学校主管、多部门主导、课堂推进和课外有效补充组成协同模式，各协同要素间的协同参与主体，学校主管维度根据学校的实际情况，做好顶层设计组织资源配置；体育部、教务处、学工等多部门是学校体育工作协同管理一线部门，负责相关工作具体推进；学生是落实教育目标的最终载体，协同管理的效果最终取决于学生的满意度。教师和学生之间主

要现代互联网技术、移动终端、个人社交软件、在线云课程等教学媒介，通过课内外一体化教学，完成教学任务，协同体之间既有分工又有协作。

从协同管理系统层面看，"管、教、学、练"四位一体协作为模式是指体育教育行业内部、校企之间的非微观协同模式。随着社会的发展，高等学校教育教学改革不断往纵深发展，近年来国家密切出台的保障青少年健康的政策，利好高校体育教学改革，为高校实行"管、教、学、练"四位一体协作模式提供了政策保障。

第二节　高校体育产业协同发展的实施路径

体育亦是产业亦是载体，体育产业作为朝阳和绿色产业，只有确保健康有序的发展，才会促进社会经济的稳定繁荣，并成为新的经济增长点。高校体育产业作为体育产业的重要组成，蕴藏着巨大的潜力和商机。高校应该认清形势，牢牢抓住契机，探索协同创新的机遇和路径，提升高校体育产业的竞争力，使其发挥应有的作用。尤其在全民健身的趋势下，采取相应的措施，尽快落实体育产业与全民健身的创新协同发展，形成独具特色的发展路径。

我国体育产业主要包括社会体育产业和高校体育产业，其中高校体育产业的重要性不言而喻，它不仅是体育产业飞速发展的基石，同时是促动我国体育产业可持续健康发展的推动剂。高校体育产业是指与高校体育相关的生产和经营活动的总称，能够满足民族日益增长的体育消费需求，对于刺激我国市场经济具有不可替代的作用。它具有双重性，即经营性和社会性。我国高校体育产业的开发较晚，但在经济和高等教育的快速推动下，取得了跨越式的进步。

高校体育产业创新协同发展路径包括以下内容。

一、突破传统理念的束缚

高校应该转变传统思想观念，摆脱传统思想观念的束缚，结合时代社会转型的实际需求，注重体育资源的利用效率，培养协同创新主体意识，确保高校体育资源最大化发展，推进高校体育产业市场化及商品化。

二、整合高校体育产业资源

高校应该大力培养专业型、服务型、复合型、互补型人才，建设相关新兴专业，确保为市场和营销提供人才保障。此外高校应抓住商机，加大宣传完备体育设施的价值，拓展业务形成辐射网，提高基础设施的利用率，吸引健身需求人士到高校来消费。此外，整合高校体育产业人才，鼓励各类人才创新，充实高校体育产业队伍，加快配套制度改革，公开选拔、招聘懂经营、会管理的体育产业人才，构建创新和实践能力的团队，完善约束、竞争和激励机制，为人才提供施展才能的机会。

三、形成体育品牌

"近些年来，高校体育品牌已经成为展现高校综合实力和精神风貌的一个窗口。[1]"高校要利用自身体育资源优势，形成规模化产业发展模式，确保获取高额市场占有率。从联合协作的角度出发，重视形成体育品牌，打造全面化的产业服务团队，秉持互利双赢的发展目标，实现多元化、长远化发展，为高校的产业发展提供源源不断的动力。

四、创新体育产业协同运行机制

依靠政府力量，进行明确的目标定位，增强产业的创新意识，建立规范的自律机制，提供高质量的服务，向制度制约型组织的方向迈进。此外力求从源头解决难题，创新体育产业协同运行机制，做到政社分离，减少对行业的越位管理，加强体育产业的宏观管理，实现两者的协同发展。

---

[1] 宋鹏. 高校体育品牌与大学精神之"道"[J]. 教育理论与实践，2017，37（21）：12.

第三节 高校体育课堂双师协同教学的发展策略

双师协同教学作为课程改革进程中涉及较多的一种教学实践，在国外又称作是合作教学。从高校体育教学的特殊性与教学环境的多样性来看，双师协同教学的开展有利于体育课堂教学效益的最大化、教学群体的全体性与教学指导的针对性。双师协同教学对高校体育课程内容改革、大学生体育学习、教师之间的合作有着非常重要的意义。从教师的角度来看，双师协同教学是教师课堂互动的延伸，是充分发挥教师的教学智慧，提升教师专业成长速度的一个重要方法。因此，加大对高校体育课堂双师协同教学策略的研究，符合高校体育课程改革的预期探索与实践研究，对促进高校大学生身心健康发展、实现体育课堂教学方法的多样性、教学沟通的及时性有着重要的意义。

一、高校体育课堂双师协同教学的组织形式

高校体育课堂双师协同教学打破体育教学单一的组织方式，使得体育课堂教学组织方式更加灵活。从高校体育双师协同教学的形式来看，主要有以下四种组织形式。

（一）全程式协同教学

全程式协同教学是体育课堂教学过程中，专职体育教师与兼职体育教师全程合作，一起开展体育教学内容的设计，共同进行体育教学内容的讲授。在全程式协同教学的课堂上，两位教师借助不断的交流与讨论，将教学的内容更为有效、直接的传授给学生。全程式协同教学在体育教学中有着较为广泛的使用空间。

（二）嘉宾式协同教学

嘉宾式协同教学指的是在教学的过程中，以一位教师为主，另外一位或者几位教师以嘉宾参与的方式，共同开展体育课堂教学的组织形式。在嘉宾式协同教学模式下，其中一位教师承担课堂教学的主要内容，嘉宾教

师补充或者重点突出某一内容。嘉宾式协同教学在体育课堂教学的过程中，可以应用于技术难度较大的运动技能教学。例如：在体操教学的过程中，教师可以通过邀请体校的专业学生来进行体操动作的展示，以更好地对体操技能进行教学，弥补教师自身展示能力的不足。

（三）分组式协同教学

分组式协同教学是按照体育课堂学生学习的需要，提前进行学习小组的划分，教师按照不同学习小组的知识、技能水平、学习需要展开授课。例如：某个班级划分为两个体育学习小组，第一个小组要求掌握的是篮球三对三的防守技能，而第二个小组需要掌握肩上投篮技术。在这种教学情况下，负责第一个小组教学的老师可以按照学习内容的特点，来进行针对性的讲解与练习。而第二个小组的教师则可以通过初步的讲解与练习，帮助学生掌握肩上投篮的基本动作。

（四）支持式协同教学

支持式双师协同教学是在授课的过程中，其中一位教师处于教学的从属角色，通过扮演角色等来提高教学内容的直观性，以更好的帮助学生掌握学习的内容。例如：在篮球的防守教学过程中，教师为了更好地提升防守针对性展示，可以请一位篮球教师配合其二过一防守练习。支持式协同教学既包括课堂上的教学支持，也包括了课后的答疑、作业的监控、学生辅导等相关的工作。

二、高校体育课堂双师协同教学的实施开展

（一）加大体育课堂教学内容的组织与优化

高校体育课堂教学双师协同教学方式的使用，目的是借助教师之间的知识结构互补，提高课堂教学的质量，促进体育教学目标的更好达成。为了更好地提升双师协同教学方式的应用效果，需要两个教师在上课之前，通过集体备课、合作备课等，来提升授课内容、组织方式、各个环节的科学性，实现双师协同教学效益的不断彰显。加大体育课堂教学内容的组织与优化，还要求教师在上课的过程中，明确双师协同的具体分工，及时的发现课堂上出现的文体，并予以科学的判断与处理，以此来实现双师协同教学的有效性。

（二）科学选用双师协同教学的组织方式

在高校体育课堂教学的过程中，科学的使用双师协同教学方式，对提升体育教学的效果有着非常重要的意义。从体育教学的不同教学内容来看，双师协同教学的要求也是不一样的。例如：在体育理论知识教学的过程中，采用双师协同教学可以邀请运动队的队医等，向学生传授运动损伤的预防方法与康复的方法。而在运动技能要求非常高的教学内容上，教师通过组织学生学习运动技能、邀请专业运动员展示运动技能的方式，共同提升运动技能教学的直观性、有效性。

（三）加强体育课堂双师协同的交流

在高校体育课堂中，通过采用"双师协同"这种教学方式，可能在一定程度上丰富课堂教学内容，但为了提高教学效果，需要两位教师充分的备课，主要包括的内容有：熟悉课堂教学内容，准备电子类教学资料，参考相关辅导资料，课前进行演练等。两位教师在教学上的相互沟通是"双师协同"教学效果实现的关键。采用"双师协同"教学模式，可以加强两位教师的沟通与交流，有助于促进双方专业上的成长，同时还提高了学生的学习兴趣与学习效果。

（四）丰富双师协同教学的操作策略

在高校体育课堂教学实施的过程中，双师协同教学是借助不同类型教师之间的教育智慧，达到教育合力促进大学生身心健康发展。双师协同教学的高效利用，是深化课堂改革、摆脱传统体育教学人数、场地、指导帮助不足的一种有效解决的途径。对实现体育技能教学的效益、促进课堂交流与相互学习的密度提升，有着不可或缺的价值。

第四节 高校体育与社区体育协同发展机制探析

中国特色社会主义新时期，无论是在经济、政治、文化、还是体育方面我国都取得了卓越的成就。随着我国经济水平、人民生活水平的逐渐提高，更多的居民越来越重视身体的健康。全民健及开展课外活动的重要场所，已经逐渐发挥其在体育运动中的重要作用。高校体育和社会体育作为两个系统，协同发展尤为重要，它可以使体育系统走向一个更加协同稳定的状态。

协同机制的系统是不断发展的，是由系统内部演化的动力来控制、引导和激励，从而使系统微观层次相互作用并转化为宏观的定向运动，是一种微观层面的运作。这种运作对于系统的生长、发展和衰落有着重要的影响。其作用的形式不是线性的，是一种非对称的选择放大或衰减机制，通过非线性的方式根据系统进化的需要对内部或外部关系与事物进行选择、控制、协调和引导。

高校体育和社区体育紧密联系、相互作用，既可以看作是独立发展的子系统，也可看作是存在交叉的复合系统。在各自的发展过程中，既存在着竞争，又存在协同，因此，满足协同学的机制理论。

高校体育和社区体育协同发展的机制主要包括以下方面。

一、科学健身指导人才协同机制

在我国，大部分地区投入到社会体育的费用过少，基础设施不够完善，有些居民对科学健身了解甚少，尤其缺少专业人士的科学指导，社会体育组织薄弱，社会体育指导员管理体制不健全。拥有高水平的人才是一个社区健康发展的重要因素，高校教师、高校体育专业高校生等都是高校拥有的优秀人才资源，发挥高校的人才资源优势，多数高校体育专业学生拥有丰富的体育理论知识，但是缺少社会体育实践。可以将两者结合，体育专业大学生可以利用课余时间为社区居民科学指导健身。高校教师可以在周末举行讲座，为居民科普科学健身的重要性以及相关知识。政府相关部门应该完善高校与社区体育资源的相关政策法规，制定具体方案，例如，由政府部门出面，选取专业能力强的教师，付给教师相应的报酬，为居民无偿开办传统养生课程。

二、增强高校体育科研协同机制

高校体育和社区体育在有关体育科研方面可以作为一个交叉的复合系统协同发展。高校可以借助社会的体育资源实现资源融合、共享，根据社会体育过程中存在的管理问题、运行机制、群众在健身过程中对场馆、设施、环境、安全的需求等问题，做出针对性的调查，找出产生这些问题的主要因素，并提出有针对性的、可行性的解决方案，全面提高我国的体育科研水平。在提高科研水平的同时，不断完善、解决全民健身过程中存在的各种问题，也能够为全民健身的科学发展指明方向。

三、高校场馆对外开放协同机制

如果未能够合理地处置和协调高校场馆对外开放产生的问题，就会使高校在管理产管设施过程中出现安全、制度不合理、冲突等情况，出现一些潜在的不和谐现象，这样既不利于高校体育的发展，对社会体育的发展也会产生一定的不利影响。

"我国向公众开放体育设施相关文件和法规的颁布，为学校体育场馆实行有序、有计划地对外开放提供了政策保障。高校体育场馆在保证校内师生、职工使用的前提下，维护大众平等参与、发展的权利，积极向社会开放，缓解周边社区体育场地的不足，解决体育场馆资源闲置问题，实现体育资源社会共享，提高社会效益和经济效益是其发展趋势。[①]"例如，一些高校可以在工作日对本校的老师、学生开放，这样不会影响正常的工作、学习、训练、教学。社会人员一般在周一至周五工作，高校可以在周末对外有偿开放，适当收取费用。高校也可结合大众居民的健身兴趣特点，在场馆场地为居民设置一些符合大众的健身器材、娱乐项目，高校学生在日常的娱乐、学习过程中也可以逐渐拉近与外界的需求、认知方面的差距。

四、高校体育与社会体育信息资源共享机制

由于一些高校与各社区之间的联系不够紧密，高校不清楚社区居民的需求与问题、社区居民不了解高校的情况，这就会使高校与社区之间产生代沟。高校应高度重视互联网在当今社会的重要作用，通过微信、QQ、微博等各种网络 APP 打造高校与社区信息共享平台，进行知识讲座、举行会议或者演出活动等，为社区体育提供高效信息，实现体育信息资源共享。可以在互动平台宣传有关全民健身、体育赛事、推广传统体育项目、社区体育赛事宣传等；也可以在软件上发布高校场馆设施的使用情况，例如，收费标准、开放时间、管理制度等。同时可以发布一些养生知识、科学健

---

① 王玫，刘昕，刘守君．我国高校体育场馆对外开放研究 [J]．体育文化导刊，2012（10）：74．

身方法、慢性病的预防等知识。充分发挥互联网的重要作用，可以在平台上分享个人的理论知识、实践经验，通过专业人士整合后，向高校以及社区提供。实现两个系统互惠互利、合作发展。

五、高校体育与社区体育文化发展协同机制

社区体育活动，更加注重发挥体育的健身娱乐功能，例如，随处可见的广场舞、晨练过程中的太极拳、气功等具有中国特色的传统项目，人们在运动过程中，与他和合作交流，形成了良好的社会生活方式，从而培养社区成员良好的社会价值观以及终身体育的意识。社区文化具有多样性的特点，能够更好地满足当下人们的精神需求，缓解精神压力，促进人与人之间的交往。高校体育在进行体育教育过程中更加注重体育过程中的教育性，培养体育人，具有很强的竞技性。在将社区体育与其融合可以削弱其竞技性，逐步改善生活质量。高校体育在与社区体育资源协同过程中，会出现一种新的资源从而扩大其产生的效果，更好地促进高校人员与社区人员的身体、心理的发展。从而对文化的发展产生良好的影响。

六、高校体育与社区体育管理体制协同机制

高校体育的管理体制主要是针对教学、训练，并没有专门的管理人员管理社区体育，人口流动性很强，在锻炼过程中可能会有意外的发生，也没有专业人员进行安全和运动损伤防护，如果群众在健身运动过程中损坏器材，高校要自行承担损失，在节假日场馆处于闲置状态，会造成资源浪费。高校体育管理者和社区体育管理者缺乏深入的沟通，二者都是针对自己发展而制定相关的管理体制，并没有将对方的发展考虑其中，并没有充分发挥各自的信息资源优势。一些高校教师、高校学生对社区体育的服务意识薄弱，几乎不会参与到社区体育的建设中，这会导致社区体育和高校体育之间的关系更加疏远。

为了改善这种不合理的管理制度，促使双方协同发展，应该将两者的建设统筹规划，协调两者之间的关系，增加沟通，使高校资源走社会，服务于社会，完善管理体制，充分利用各方面的资源。所以学校体育的管理部门与社区部门应该积极沟通，有针对性地制定出合理、有效、能让大多数人满意的管理机制。

参考文献

[1] 陈杰.高校体育教学管理探析 [J].教育与职业，2007（8）：54-55.

[2] 陈雁飞，董文梅，毛振明.论体育教学方法的概念和层次 [J].天津体育学院学报，2006（02）：182.

[3] 陈烨.高校体育教学环境的生态构成研究 [J].安徽电子信息职业技术学院学报，2021，20（03）：107-110.

[4] 丁雪琴.高校协同创新战略背景下的大学体育课程教学资源共享研究[D].武汉：武汉理工大学，2013（05）：23.

[5] 付安国.刍议高校体育教学改革 [J].武汉体育学院学报，2002，36（5）：98-99.

[6] 沈阳.高校体育教学基础课程与管理组织结构研究 [M].哈尔滨：哈尔滨地图出版社，2018.

[7] 郭家骏，于欣慈.高校体育教学管理创新与发展思考 [J].长春师范大学学报，2022，41（05）：189-191.

[8] 何钢."表演"视角下的高校体育教学设计 [J].沈阳体育学院学报，2015，34（3）：115-118.

[9] 侯楠楠.高校体育产业创新协同发展路径研究 [J].才智，2019（22）：84.

[10] 胡活伦，魏平.普通高校体育教学课程模式的系统设计研究 [J].体育与科学，2000，21（5）：53-58.

[11] 胡启良，王云玲.休闲教育理论视角下的高校体育教学设计 [J].山东体育科技，2017，39（2）：60-64.

[12] 黄波.高校体育技术课多媒体组合教学的实验设计 [J].体育学刊，2002，9（1）：71-73.

[13] 黄岩.高校体育课堂双师协同教学策略研究 [J].赤峰学院学报（自然科

学版），2016，32（24）：137-138.

[14] 姜淑艳，王桂华.高校体育教学环境现状与发展定位 [J].体育世界（学术版），2019（03）：91-92.

[15] 蒋伟，周鹏.刍议新形势下高校体育教学档案建设 [J].浙江档案，2020（12）：63.

[16] 焦献策，翟晓玉.体育课程教学资源建设 [J].才智，2011（33）：297.

[17] 李海兰，施小菊.体育教师教学风格研究进展 [J].福建师大福清分校学报，2019（05）：110-116.

[18] 李丽.我国普通高校体育教学环境研究 [J].当代体育科技，2021，11（28）：90-92.

[19] 刘河杉.体育教学创新中游戏教学法的植入研究 [J].中国教育学刊，2018（S1）：63.

[20] 刘磊.高校体育教学中新媒体技术的应用分析 [J].拳击与格斗，2022（4）：81-83.

[21] 刘伟，李青.高校体育教学细节的运用与优化设计 [J].山东体育科技，2014，36（1）：86-88.

[22] 马峰.教学评价在初中体育课堂教学中的实践运用 [J].体育视野，2021（24）：57.

[23] 毛振明，张媛媛，叶玲.论运动乐趣在体育课堂中的迷失与回归 [J].成都体育学院学报，2019，45（02）：33-37+31-32+2.

[24] 欧丽娅，张少生.课程思政视域下高校体育课教学设计与实施探析 [J].广州体育学院学报，2021，41（4）：99-103.

[25] 潘跃华.论高校体育教学改革 [J].成人教育，2012，32（7）：117-118.

[26] 任俭，王植镯，肖鹤.体育教学原理及体育学法的创新研究 [M].北京：中国纺织出版社，2019.

[27] 沈兴珠.高校体育教师教学风格的养成 [J].河西学院学报，2012，28（02）：118-120.

[28] 宋江浩.新时期普通高校体育教学管理工作探析 [J].新校园（上旬），2016（04）：117-118.

[29] 宋鹏.高校体育品牌与大学精神之"道" [J].教育理论与实践，2017，37（21）：12.

[30] 田鹿，刘磊波.浅谈高校体育教学 [J].现代营销，2014（2）：84.

[31] 万文君，黄智武.高校体育教学网络课程的设计与开发 [J]. 北京体育大学学报，2006，29（10）：1416-1417.

[32] 王凤娇.协同学视角下高校体育与社区体育协同发展机制研究 [J]. 文体用品与科技，2021（04）：115-116.

[33] 王建华.再议体育课堂教学艺术理念的重塑 [J]. 考试周刊，2012（14）：100-101.

[34] 王玫，刘昕，刘守君.我国高校体育场馆对外开放研究 [J]. 体育文化导刊，2012（10）：74.

[35] 王震，王一博.提升高校体育课堂教学有效性的策略探析 [J]. 农家参谋，2018（07）：161.

[36] 肖亚玲.新常态下高校体育教学管理的新尝试 [J]. 运动，2017（07）：82-83.

[37] 徐焕喆，赵勇军.新时代我国高校体育教学改革任务及措施 [J]. 体育文化导刊，2022（2）：98-103.

[38] 闫洁.高校体育教学环境的现状分析及优化策略研究 [J]. 老字号品牌营销，2020（08）：105-106.

[39] 闫信.体育课堂教学艺术的特点与运用 [J]. 职业，2011（26）：156.

[40] 杨明强.学校体育教学理论与实践研究 [M]. 武汉：武汉大学出版社，2018.

[41] 杨雪芹，赵泽顺.体育教学设计 [M]. 桂林：广西师范大学出版社，2014：46.

[42] 易星辛.我国高校体育教材评价指标体系构建研究 [J]. 体育研究与教育，2021，36（04）：32-36.

[43] 张淼.试论构建高校体育教学创新体系 [J]. 当代体育科技，2021，11（13）：208-210.

[44] 张泽.高校体育教学管理发展困境及前景展望 [J]. 长春师范大学学报，2021，40（08）：116-117.

[45] 掌玉宏.高校体育工作协同管理机制研究 [J]. 体育科技文献通报，2021，29（07）：31-32.

[46] 朱靓.社会人文环境对高校体育教育教学的影响 [J]. 环境工程，2022，40（03）：275.

[47] 左晓瑛.高校体育教学改革探讨 [J]. 福建茶叶，2020，42（1）：150.